# LA FRANCE

DU

## 14 OCTOBRE 1877

AU

## 14 DÉCEMBRE 1877

PAR

Alexis Veilt

1 FRANC

MONTPELLIER

Imprimerie NAVAS & WARÉ, 2, rue Levat, 2

— 1879 —

# LA FRANCE

DU

## 14 OCTOBRE 1877

AU

## 14 DÉCEMBRE 1877

PAR

Alexis Veilt

MONTPELLIER

Imprimerie NAVAS & WARÉ, 2, rue Levat, 2

— 1879 —

# LA FRANCE

DU

# 14 OCTOBRE 1877

AU

# 14 DÉCEMBRE 1877

PAR

**Alexis Veilt**

MONTPELLIER

Imprimerie NAVAS & WARÉ, 2, rue Levat, 2

— 1879 —

# PRÉAMBULE

L'histoire contemporaine n'existe pas, et les jours d'hier paraissent déjà enfoncés dans la pénombre des événements qui se succèdent avec une étrange rapidité.

A peine au milieu de la vie, j'ai vécu sous sept gouvernements et j'ai assisté à sept révolutions : le règne de Louis-Philippe, la deuxième République, le régime du Coup d'Etat, le second Empire, la révolution du 4 Septembre, la Commune, la troisième République.

Dans ces mouvements successifs et en sens opposés, se dégagent deux forces, dont l'une doit fatalement anéantir l'autre: les tendances des libertés modernes et les résistances de l'esprit gouvernemental stationnaire ou rétrograde luttent et essayent tour à tour de descendre ou de remonter le courant des révolutions.

Il faut reconnaître que, dans la lutte engagée entre l'esprit libéral et l'esprit de réaction, le plus fort est fait, en ce sens que le retour à une monarchie de droit divin ou à un régime monarchique constitutionnel accuse des impossibilités qui s'accentuent chaque jour.

Quoique l'on en dise, le principe de la monarchie de droit divin ou la transaction de la monarchie du droit bourgeois ont quelque peu besoin d'être affirmés par le peuple ; et celui-ci ne paraît pas précisément disposé à s'engager dans cette voie : ce qu'il ne voulait pas en 1848, il ne l'accepterait pas davantage en 1879, avec même cette précision qu'en 1879 les libertés politiques ne lui suffisent plus.

Les masses ont actuellement d'autres aspirations.

La forme républicaine d'un gouvernement peut s'adapter à un gouvernement basé sur la démocratie socialiste comme à une oligarchie ; si le nombre préfère la République, c'est qu'elle affecte une forme plus démocratique ; mais il est aujourd'hui trop éclairé sur ses intérêts pour se payer d'un mot : il veut le mot et il exige l'idée.

Quant au renversement de la République par l'union conservatrice, rien à craindre de ce côté.

*
* *

Pour que cette coalition fût redoutable, il faudrait qu'elle oubliât trop d'événements.

Que de souvenirs à effacer !

Dans l'oubli : le crime des fossés de Vincennes.

La mort de Louis XVI, votée par l'aïeul du comte de Paris.

L'accident de la duchesse de Berry, la mère du comte de Chambord, dont les couches de Blaye furent surveillées avec une touchante sollicitude par les soins du grand'père du comte de Paris.

La grotesque transaction de 1830 ou Charles X remplacé par la pseudo-République — Louis-Philippe.

Le décret de Napoléon III spoliant les biens de la famille d'Orléans, en supposant que le domaine public n'eût pas quelque droit de les revendiquer.

La mort et le testament du dernier Condé, etc.

Et tous ces oublis fussent-ils possibles amèneraient-ils le pardon des crimes et des outrages?

Donc, le danger n'est pas là.

La démocratie trouvera une résistance dangereuse dans la bourgeoisie et la rivalité d'un gouvernement s'appuyant sur le concours de la classe ouvrière, dont il prétendra améliorer le sort.

Dans la réunion de ces deux forces est le péril imminent ; que l'on ne s'y trompe pas.

C'est à ce but de concentration que, dès 1868, tendaient les efforts du second empire; à ce moment, l'empire autoritaire était mort, bien mort : Napoléon III et ses conseillers l'avaient compris. La lettre du 19 janvier, les lois, les décrets, tout l'ensuivi, n'était certainement pas le résultat du caprice du chef de l'Etat.

Que l'on interroge les rapports des préfets qui ont précédé les modifications des libertés politiques et sociales. Sous la forme respectueuse, imposée par quinze années d'un régime autoritaire, celui qui sait lire entre les lignes y découvrira que les représentants du pouvoir exécutif, obligés de frayer avec le suffrage universel, d'être constamment en contact avec le peuple et la bourgeoisie, reconnaissaient que si l'une voulait une somme plus grande de libertés, l'autre réclamait des réformes sociales qui avaient des exigences impérieuses et des raisons d'être.

Ces rapports contenaient les symptômes d'une révolution en germe

De là, les lois sur les coalitions, le droit de réunion et cette série d'actes qui inauguraient à nouveau les principes de 1789, et donnaient naissance à un commencement de transformation sociale.

De là les huit millions de suffrages qui affirmaient à l'empire qu'il était d'accord avec la volonté de la nation.

De là cette résistance d'un personnel n'ayant pas les mêmes attaches vis-à-vis d'un gouvernement modifiant sa ligne de conduite.

De là joie mal dissimulée de la camarilla impérialiste lors de la déclaration de guerre, qui jetait dans l'inconnu l'avenir de la France.

***

Notre pays a un bon sens qui ne le trahit jamais ; il peut se laisser égarer au milieu des affolements des désastres, mais lorsqu'il a repris la plénitude du calme, il voit bientôt la route dont il s'est dévoyé, et, avant-garde de la civilisation moderne, il reprend le chemin que le progrès social doit lui faire suivre.

De 1870 à aujourd'hui, la France a lutté contre des tendances qui ne sont ni de notre époque ni de nos mœurs ; elle a lutté pour conserver son drapeau et la forme du gouvernement, qui, mieux que tout autre, lui permettra de renouer au dernier chaînon des libertés, péniblement arrachées au gouvernement de 1868 à 1870, les libertés et les réformes nécessaires.

Mais, de 1870 à aujourd'hui, il faut oser le dire hautement, pas une loi ne s'est occupée du bien-être du peuple et n'a créé un lien de sympathie entre la République et la nation des travailleurs.

Le premier devoir du gouvernement actuel serait donc de se mettre, ferme et résolu, à la tête du mouvement progressiste, et de donner satisfaction aux légitimes aspirations de la classe ouvrière ; il préviendrait ainsi le danger de la seule coalition périlleuse : l'union de la bourgeoisie et de la démocratie césarienne.

L'élection du 20 avril dernier à Bordeaux n'a eu d'autre signification que d'inciter le pouvoir à prouver, par des actes, que le moment d'agir était venu, et de démontrer que la forme gouvernementale républicaine était celle qui convenait le mieux au développement de l'évolution sociale.

En proclamant, à ce moment, le nom de Blanqui, la démocratie avait fait preuve d'intelligence ; elle avait pris le nom d'un homme qui avait constamment combattu pour le triomphe des réformes sociales, pratiquement réalisables et sans programme déterminé.

Il ne peut en effet exister de programme socialiste ; les réformes destinées à améliorer le sort des classes ouvrières ne peuvent se développer que successivement; il faut être insensé pour admettre que, du soir au lendemain, on puisse appliquer tout d'une pièce à une nation un système gouvernemental socialiste, comme on appliquerait un vêtement sur le corps d'un homme.

Les modifications de l'économie politique ont besoin de subir une révolution dans les esprits avant d'être jetées dans la réalité des faits; tant qu'une réforme n'a pas eu la trituration indispensable, elle avorte et aboutit à une désillusion.

Non pas qu'il faille la repousser à tout jamais, lorsqu'elle a reçu un premier échec; une seconde tentative peut être plus heureuse. Si l'idée est bonne, pratique, elle germera et, à son heure, elle portera des fruits; mais il faut se méfier d'une hâtiveté trop grande qui produirait des résultats contraires à ceux que l'on était en droit d'espérer.

Compter avec les mœurs d'un pays est sage; vouloir instantanément les changer, c'est tenter l'impossible et préparer une réaction d'autant plus déplorable, que de nouveaux effors et de sérieuses luttes seraient nécessaires pour regagner le terrain perdu.

La prétention d'appliquer d'emblée un programme socialiste après une révolution politique serait préparer une contre-révolution; ce serait plus qu'une faute, ce serait un crime vis-à-vis de ceux qui nous ont devancé et qui nous reprocheraient d'avoir dissipé l'héritage transmis.

Il y a plus, la vérité n'est pas plus en deçà qu'au-delà de tout programme politique, et l'impossibilité de la veille devient quelquefois la réalité du lendemain.

En 1830, le peuple combattait pour l'abrogation

des ordonnances, qui anéantissaient les libertés publiques et du combat il sortit un gouvernement constitutionnel, qui brisait une seconde fois le lien de la monarchie de droit divin en lui substituant une monarchie de droit bourgeois.

En 1848, la bourgeoisie voulait l'adjonction des capacités; elle obtint révolutionnairement plus qu'elle ne désirait : le suffrage universel, l'arme du nombre, l'arme des faibles, l'arme de la démocratie.

Et si une révolution n'a pas de limites précises, un programme social ne saurait en avoir de plus arrêtées.

Les vérités sociales se modifient en effet avec les nécessités des situations, et l'opportunisme n'est ni un moyen nouveau ni une invention sociologique à dédaigner.

Les bases seules de ces vérités mobiles et diverses restent inébranlablement les mêmes.

C'est ainsi que l'inaliénabilité de la souveraine volonté des masses, que tout corps constitué tendrait à amoindrir, exigerait l'anéantissement de ce corps constitué.

Devant cette souveraineté s'inclinent les pouvoirs publics de quelque nature qu'ils soient, et cette souveraineté consacre la légitimité des réformes sociales.

C'est donc sur elle seule qu'elles doivent s'appuyer.

Ces réformes ne sont cependant admissibles que si elles peuvent être encastrées dans un texte de loi.

En dehors de cette possibilité, tout n'est que utopie et insanité.

Mais, en l'état, il faut le reconnaître, pour certaines réformes, la révolution est faite dans les esprits ou s'achève dans un travail lent et continu assuré d'accomplir son œuvre.

Et soit politiquement, soit socialement, il est des réformes qui s'imposent aujourd'hui ou dans un temps qui ne saurait être éloigné.

*
* *

I. — La révision de la Constitution, qui est antidémocratique est exigée par tous les républicains libéraux.

Partant suppression du Sénat ou son absorption.

II. — Le rappel au respect des lois en ce qui concerne les congrégations religieuses.

Des règlements précis sur l'interprétation des clauses du concordat dans un sens d'absolue liberté de conscience, mais dans un sens tout aussi absolu de soumission du clergé aux lois du pays.

Dans un avenir éloigné, la séparation de l'Eglise et de l'Etat, séparation qui donnera à l'une la plus grande liberte de conscience et délivrera l'autre de toute contrainte.

La liquidation avec indemnité des biens de main-morte enlevés à la fortune publique.

L'abrogation immédiate de la législation en matière de prétendue liberté d'enseignement, qui n'est en réalité qu'une arme donnée aux ultramontains pour combattre la civilisation moderne.

III. — Actuellement, le service militaire rendu

obligatoire pour tous pendant une durée uniforme, et exigences rigoureuses à cet égard tant que la France n'aura pas repris le territoire que lui ont enlevé les fautes du gouvernement déchu.

IV. — La suppression de l'inamovibilité de la magistrature, — l'investiture n'étant qu'une absurde hypocrisie.

Mais des garanties spéciales d'indépendance et de stabilité accordées aux magistrats chargés de mettre en mouvement les lois de répression, comme à ceux qui sont chargés d'appliquer les dispositions pénales.

V. — La révision des impôts, en ce sens que ceux qui grèvent la classe ouvrière soient diminués dans des proportions équitables.

La suppression des priviléges, qui ont pour effet de soustraire certains capitaux aux charges publiques, et, en outre, le remaniement progressif des lois en vue de ramener la propriété individuelle à la seule source légitime : le travail.

VI. — La refonte des lois qui régissent la famille, le retour à la loi sur la dissolution du mariage par le consentement des époux, et l'abrogation des lois préciputaires qui relâchent les liens de la famille.

VII. — La suppression de toute loi restreignant la liberté individuelle, la liberté de la presse, la liberté de réunion et d'association.

A côté de ces réformes principales et en ligne secondaire se placent la responsabilité de tout fonctionnaire à quelque ordre hiérarchique qu'il appartienne, la transformation des prisons en colonies pénitentiaires et la suppression de la haute police, la réglementation de la police des mœurs, l'abrogation des lois sur l'état de siége, l'abolition de la peine de mort, la révision de tous traitements, de façon à ce qu'aucun traitement ne soit insuffisant ou excessif, le remaniement de nos codes et l'abrogation de toutes les lois éparses et leur remplacement par le recueil des droits de tous clairement exprimés, formels et précis.

De toutes les promesses de ces réformes implicitement ou explicitement formulées, lors des élections du 14 Octobre, quelle est celle qui a été tenue?

Aucune encore.

Après le ministère du 13 décembre, on ajourna le pays au 5 janvier. Le Sénat, disait la majorité de la Chambre, s'opposerait à la promulgation des lois libérales, et, comme l'enfer, le ministère de M. Dufaure fut pavé des meilleures intentions.

Après le 5 janvier, ce fut le tour du Président de la République : le maréchal n'accepterait jamais certaines modifications législatives contraires à ses principes politiques.

Après la démission de M. de Mac-Mahon, le gouvernement s'est renfermé dans une inertie à peu près absolue.

Et que l'on ne suppose pas que la loi de M. Ferry sur l'enseignement supérieur constitue précisément le rêve des seules aspirations de la démocratie.

Louis XIV, non plus que Napoléon Ier, n'aurait voulu d'une loi qui aurait livré au cléricalisme l'éducation d'une partie de la jeunesse française, et ils auraient singulièrement accueilli les ministres qui leur auraient proposé, sous prétexte de liberté, d'enlever à l'Etat la direction de l'instruction publique.

Ce n'est pas seulement la collation des grades, ce n'est pas seulement la suppression de l'enseignement par une congrégation non autorisée qui auraient dû être visées — étrange époque où l'on est obligé d'édicter des lois pour faire cesser des priviléges créés au profit des communautés qui n'ont pas d'existence légale — mais c'est l'abrogation entière de la loi de 1875 qui aurait dû être obtenue, en attendant une loi spéciale sur le clergé qui l'aurait cantonné dans ses églises.

Il en est de cette modification législative comme des autres réformes.

Pas de subterfuge, le gouvernement a peu tenté, PARCE QU'IL NE CROIT PAS ASSEZ A SA FORCE ; il n'a pas compris les volontés de la nation.

Pour briser les obstacles qui auraient pu s'opposer à la réalisation de ses désirs, le peuple eût soutenu ses mandataires vrais, ceux qui sont issus du suffrage universel.

Dans les annales de notre histoire, on n'a jamais vu le pays s'imposer plus de sacrifices dans le but d'obtenir un gouvernement démocratique;

jamais on n'a vu un gouvernement démocratique, aussi virilement constitué, faire plus de concessions et méconnaître, d'une manière plus complète, l'abnégation de tous.

Ce gouvernement a eu des faiblesses d'apaisement dont nos ennemis abuseraient, si nous n'étions constamment prêts à le soutenir et à défendre le Président de la République, M. Grévy, la plus haute personnification de la dignité et de l'honneur républicain.

Il ne faudrait cependant pas qu'on se fît illusion. En France, il n'y a que deux courants :

Le courant de la démocratie césarienne et le courant de la démocratie républicaine.

Le peuple n'aime, en réalité, que les idées simples; la loi des majorités le séduit par sa facile compréhension et le sentiment d'égalité qui relève les plus humbles.

Aux deux seuls partis qui proclament ce principe, appartient l'avenir, et le suffrage universel ne veut pas plus des orléanistes et des légitimistes que ceux-ci ne veulent de lui.

A cet égard, l'impuissance de la légitimité et de l'orléanisme s'est constamment affirmée avec une énergie persistante.

Du côté des partis monarchiques se trouvent, il est vrai, le capital, l'intelligence, l'éducation, mais de l'autre, le sentiment des droits, le bon sens, l'énergie qui s'appuie sur le travail et les efforts de chaque jour pour triompher des dures nécessités matérielles de la vie.

Que la lutte s'établisse dans l'arène pacifique, et il n'est pas douteux que le nombre l'emportera, car la révolution sociale est faite dans l'esprit du peuple.

Il n'est ni digue ni chaussée qui puisse la maîtriser.

Quel est celui des 363 qui a été élu en dehors de l'appui que lui a prêté la démocratie ? Et si le concours des masses a été donné, c'est à la suite d'un accord tacite ou exprès dans lequel le mandataire s'est engagé à faire triompher les réformes sociales que désire le pays.

Qu'un de ces députés ose se représenter sans ce concours et avec le seul soutien de ces républicains bourgeois, qui sont prêts à servir tous les gouvernements et à prendre de toutes mains l'autorité, et il jaugera le succès qu'il pourra obtenir.

Les hommes qui dirigent les affaires publiques devraient comprendre qu'une attitude qui ne serait pas en harmonie avec les aspirations de l'opinion entraînerait de violentes secousses.

Quel que soit le désir de la démocratie à servir un gouvernement, dont la forme républicaine se prête plus aisément à ses revendications, elle ne pourrait abdiquer ses droits et oublier ses devoirs.

Les efforts de la nation, après le coup de force du 16 Mai, démontrent suffisamment, par ce qui a été fait pendant cette période, ce que la nation pourrait accomplir, si elle était surexcitée par des désillusions.

Et comme si les avertissements que la sagesse du suffrage universel a donné au gouvernement ne suffisaient pas pour éveiller son attention, un événement d'une gravité exceptionnelle est venu lui imposer des obligations plus étroites.

*
* *

Jusques à ce jour, la République n'avait rien eu à craindre du parti bonapartiste. Les fautes que commettaient ceux qui le dirigeaient compensaient largement les fautes successives du ministère Dufaure et des hommes du centre gauche.

Mais la mort du jeune prince Napoléon a donné aux partisans du régime impérial un chef d'une valeur et d'une habileté autrement sérieuses que celles de M. Rouher, le vice-empereur de la camarilla impérialiste.

L'on sait quels étaient les motifs qui avaient éloigné le prince Napoléon- Bonaparte des conseils de Napoléon III, les causes des calomnies diverses qui avaient pour but de le rendre impopulaire.

En 1865, le prince avait proclamé, dans son discours d'Ajaccio, son programme politique :

« J'aime, disait-il, la liberté sous toutes les formes, mais la liberté de tous.

» La vraie liberté, c'est le suffrage universel loyalement appliqué, la liberté complète de la presse sous le droit commun et le droit de réunion.

» Un peuple libre doit se composer d'individualités indépendantes avec leur entier développement, et non de grains de sable qui ne sont agrégés que par le ciment de l'administration. »

Depuis 1848, époque à laquelle le prince faisait sa soumission à la dèmocratie jusques à ce jour, le prince Napoléon n'a jamais varié.

Que l'on y songe, cet homme, qui doit être sincèrement convaincu de la nécessité des réformes de liberté et sociales, pourrait bien un jour persuader à la France qu'il est capable de diriger le mouvement progressiste.

Et si, par les fautes de cette fraction ambitieuse de républicains qui résistent aux tendances démocratiques, les classes ouvrières, qui sont le nombre et qui souffrent, admettaient l'impossibilité d'obtenir de ces républicains à détrempe orléaniste la réalisation de leurs aspirations légitimes, elles se laisseraient entraîner par des promesses solennellement faites à une époque où il était dangereux d'en être le promoteur.

Le prince, qui a pris pour devise : *Homo sum et nihil humani me alienum puto*, est plus pres du pouvoir que ceux qui, à la tête des affaires publiques, auraient un trop facile oubli de leurs promesses et des engagements pris.

Le silence du prince serait sa seule conspiration ; les fautes d'un gouvernement qui tendrait à l'oligarchie feraient sa seule force, et cela suffirait pour que la Révolution l'entraînant, même malgré lui, l'acceptât pour chef.

Il n'y a pas de temps à perdre : ou la République ira à la démocratie ou la démocratie ira au prince Napoléon.

C'est le dilemme qui s'impose, c'est la situation exacte.

***

Mais rien n'est à craindre pour la République, tant que M. Grévy sera au pouvoir.

Son acuité d'instinct politique, son esprit pratique et fin, son habitude de juger vite une situation avec la plénitude du calme, sa rapidité à décider et à agir nous rassurent.

A l'heure voulue, il saura marcher en avant, et l'heure est proche.

# LA FRANCE

DU

## 14 OCTOBRE 1877

AU

## 14 DECEMBRE 1877

### I

Le Président de la République, après le Coup d'Etat du 16 Mai, avait, dans son Manifeste, demandé à la France de ne nommer que des hommes « au-dessus des partis politiques ». Les feuilles gouvernementales exhortèrent donc les électeurs à ne pas exiger des candidats leur opinion sur la forme du gouvernement, et recommandèrent à ceux-ci de ne pas faire connaître leurs préférences.

Dans les sphères officielles, il avait été convenu de ne pas s'occuper de cette question.

Il était d'ailleurs difficile aux candidats d'une coalition hybride de parler de la forme du gouvernement; les candidats faisaient appel aux bonapartistes, aux partisans des princes d'Orléans, comme à ceux du comte de Chambord ; ils devaient, pour se ménager toutes les chances de succès, user d'un silence prudent.

Mais cette réserve, d'une habileté élémentaire, avait été dévoilée et percée à jour par les journaux républicains, qui avaient fait comprendre la nécessité de connaître les opinions des hommes qui se présentaient devant leurs électeurs.

La Chambre, qui allait être nommée le 14 Octobre, était élue pour quatre années. Au mois de novembre

2

1880, un an avant l'expiration des pouvoirs de cette Assemblée, il devait être procédé à la nomination du successeur de M. de Mac-Mahon ; réunis aux sénateurs, les députés choisis devaient former le Congrès chargé d'élire le nouveau Président de la République.

En outre, la Constitution pouvait être révisée en 1880 ; c'est encore cette Chambre qui aurait à statuer sur l'usage qui pouvait être fait de la clause de révision, et elle devait se prononcer sur les modifications ou les perfectionnements à introduire dans la Constitution.

C'était là d'importantes prérogatives.

Comment était-il possible de ne pas demander aux députés qui allaient être nommés leur opinion sur la forme gouvernementale ? Les orléanistes et les légitimistes avaient tout intérêt à rester silencieux. Ils ne se dissimulaient pas qu'il n'y avait que deux courants dans le suffrage universel : le courant démocratique césarien et le courant démocratique républicain, celui-ci se grossissant rapidement par les fautes des bonapartistes autoritaires. Aussi ces candidats de la monarchie de droit divin et de la monarchie de droit bourgeois comprenaient-ils leur impuissance, et cachaient-ils avec un soin extrême leurs vœux et leurs tendances politiques.

Mais leurs adversaires politiques démasquaient partout où ils les rencontraient ces ennemis du suffrage universel, qui sollicitaient le pouvoir du suffrage universel lui-même ; ils avaient beau se dissimuler sous la dénomination de sauveurs des principes de la propriété, de la religion et de la famille, ils n'étaient que les ennemis avérés d'une République libérale, et prêts à tout pour en empêcher l'établissement.

Un des actes les plus habiles de la coalition des

363 fut la candidature de M. Grévy, porté dans le neuvième arrondissement de Paris, dont le comité républicain avait pour président M. Victor Hugo. L'adresse qui fut envoyée à l'ancien président de la Chambre des députés était conçue dans des termes qui prévoyaient même une éventualité possible :

« La mort si regrettable de M. Thiers, lui disait-on, a provoqué dans tous les rangs du parti républicain un même sentiment de sympathie et de confiance pour l'homme que son passé, les services rendus, l'autorité et l'élévation de ce caractère désignaient aux yeux de tous, même de nos adversaires, comme le plus digne d'occuper, à la tête de la démocratie française, le rang et la place qu'y tenait M. Thiers lui-même.

» Plus qu'aucune autre élection, la vôtre signifiera pour le pays, comme pour l'Europe, la victoire de l'esprit républicain et parlementaire sur les entreprises du gouvernement personnel.......

» Aujourd'hui et jusques au scrutin, le conflit préparé, ouvert et poursuivi par les hommes du 16 Mai, semble n'exister qu'entre la majorité dissoute et le pouvoir ; demain, quand la nation aura parlé, si le pouvoir ne s'incline pas, le conflit sera entre la France et un homme.

» En vous choisissant, les électeurs de Paris, interprètes de l'opinion publique, regardent en face et avec confiance cette éventualité. »

M. Grévy ne représentait pas seulement le parti libéral, il représentait une nécessité politique ; il fallait réagir contre la tendance absorbante du pouvoir exécutif et consolider le régime constitutionnel ; il fallait, en face du pouvoir personnel, élever une haute personnalité parlementaire, qui sut s'incliner devant la volonté nationale, et comprendre la nonimmixtion du chef de l'Etat dans des faits qui sont du domaine de la responsabilité ministérielle.

Nul plus que le président de la Chambre des députés ne pouvait donner à tous égards une plus complète satisfaction à l'opinion publique ; son caractère digne et loyal, son honnêteté à toute épreuve, son existence austère et laborieuse, son jugement sûr et droit, sa puissance de logique méprisant l'emphase et la faconde, son respect pour les institutions parlementaires le désignaient à tous comme le successeur de M. Thiers et, au besoin, comme celui du Président de la République.

M. Grévy, en acceptant la candidature qui lui était offerte, répondit aux accusations dirigées depuis quatre mois contre l'Assemblée nationale avec ce ton de dignité et cette élévation de parole qui lui sont habituels, et sa réponse restera comme la plus éloquente des réfutations opposées aux calomnies et aux mensonges de la presse monarchiste :

« La Chambre des députés, disait-il dans une lettre adressée à ses électeurs, représentait exactement la France. Elle était composée, comme la France, d'une forte majorité républicaine et d'une minorité formée de légitimistes, d'orléanistes et d'impérialistes. Comme la France, elle voulait la liberté, l'ordre, la paix, le travail, la sécurité ; elle était animée d'un grand esprit de modération et de concorde. La confiance était revenue, les affaires avaient repris leur essor, et le pays ne demandait qu'à jouir en paix de ces heureux événements.

» Tout à coup, sans qu'on put s'y attendre, sans qu'aucun conflit se fut élevé contre les pouvoirs, la Chambre des députés, enlevée aux travaux commencés, a été ajournée pour un mois, et puis dissoute.

» Qu'avait donc fait la Chambre pour mériter ce traitement?

» Elle en était venue, vous dit-on, à méconnaître la part d'autorité qui appartient au Président de la République, à contester l'influence légitime du Sénat, et à substituer à l'équilibre nécessaire des pouvoirs établis par la Constitution le despotisme d'une nouvelle Convention.

» *La Chambre a méconnu la part d'autorité qui appartient au Président de la République ?* — Où? Quand? Par quels actes? Qu'on les cite? Elle n'a jamais émis un vote qui touchât, même indirectement, à l'autorité du Président ; elle l'a toujours entouré de déférence et de respect.

» *La Chambre a contesté l'influence légitime du Sénat ?* — Seconde accusation sans preuve. La Chambre poussait si loin l'esprit de conciliation que, sur les points législatifs où elle s'est trouvée en désaccord avec le Sénat, c'est toujours elle qui a cédé. Elle a cédé sur la loi de l'enseignement supérieur, elle a cédé sur la loi municipale, elle a cédé sur le budget, sacrifiant patriotiquement à la concorde les prérogatives qui, dans les pays constitutionnels, appartiennent, en matière d'impôts, aux représentants du peuple ; rien ne lui a coûté pour éviter un conflit.

» *La Chambre tendait à substituer à l'équilibre nécessaire des pouvoirs établis par la Constitution le despotisme d'une nouvelle Convention ?* — Qu'elle était loin de cette tendance insensée ! Elle n'aspirait qu'à faire vivre la Constitution républicaine avec les trois pouvoirs qu'elle a institués. Est-ce sérieusement qu'on prononce le nom de la Convention à propos d'une seconde Chambre, soumise au droit d'ajournement et de dissolution, sans action sur le pouvoir exécutif et sur le Sénat, à peine égale par ses attributions aux Chambres des députés sous les monarchies de 1814 et de 1830? »

M. Grévy poursuivait, en démontrant que les griefs sur lesquels s'appuyaient les hommes du 16 Mai, pour justifier la mesure du Coup d'Etat légal, n'étaient pas fondés. La Chambre s'était montrée pleine de modération dans ses revendications, déférente pour l'autorité du Sénat et respectueuse pour la personne du Président de la République; les ministres du chef de l'Etat n'avaient songé, au contraire, qu'à abaisser le prestige de l'Assemblée nationale et à faire triompher les ennemis de cette majorité, qui étaient les adversaires implacables de tout gouvernement républicain.

La coalition du 16 Mai avait pour but, comme en 1849, de renverser la République en se servant du drapeau de l'ordre et des intérêts sociaux, que les conservateurs feignaient de croire en péril.

M. Grévy concluait en disant que la République, qui avait libéré le territoire, payé la rançon de la France, rétabli la liberté, assuré la paix, relevé le crédit public, ramené la confiance et le travail, était le seul gouvernement qui put préserver la France de nouvelles révolutions, parce qu'il était le seul possible et le seul durable.

M. Grévy avait dressé l'acte d'accusation du ministère de Broglie; M. Gambetta dressa l'acte d'accusation du Président de la République.

Dans un langage ardent, énergique, le député de Paris esquissa la situation politique du pays. La France, disait-il, avait été pendant quatre mois livrée à tous les excès de la pression administrative; pendant quatre mois, son admirable patience avait attiré sur elle les sympathies des gouvernements civilisés; elle allait dans quelques jours se prononcer sur les hommes du 16 Mai unis à ceux du 2 Décembre, accouplés aux serviteurs de toutes les monarchies et aux défenseurs du *Syllabus* et du pape, tous couverts du patronage électoral du Président de la République ; elle allait répudier une politique dictatoriale et ne laisser au chef du pouvoir exécutif, transformé en candidat plébiscitaire, d'autre alternative que de se soumettre ou de se démettre.

Trois jours après la publication de la circulaire de l'ancien membre du gouvernement du 4 Septembre, M. de Broglie, relevant la phrase qui avait trait à l'alternative posée au maréchal « de se soumettre ou de se démettre, » faisait poursuivre devant la juridiction correctionnelle M. Gambetta, comme prévenu d'offenses envers le Président de la République.

Cette poursuite produisit l'effet contraire à celui que l'on attendait ; elle n'eut d'autre conséquence que de surexciter vivement l'opinion publique, sans toutefois lui faire perdre le calme recommandé par tous les chefs des groupes libéraux.

De faute en faute, le ministère de Broglie en était arrivé à prendre l'attitude provocatrice des désespérés, qui n'ont absolument pas de confiance dans les moyens employés, et qui cherchent à irriter les masses populaires pour les soulever et les écraser ensuite.

Il n'est pas douteux que s il y avait eu unité de direction dans le ministère du 16 Mai, si la coalition avait eu un objectif unique, on n'eût renouvelé les sanglantes journées dans lesquelles le chassepot et les mitrailleuses sont les suprêmes arguments du despotisme et triomphent du droit par la force ; mais, après la victoire, il eût fallu recommencer une lutte plus terrible encore, et les hommes du 16 Mai, faits pour se mépriser et se haïr, ne devaient avoir d'autre courage que de vaincre sous les mêmes et odieux lauriers et de triompher de la volonté nationale, sans pouvoir s'entendre sur le despotisme du régime bâtard qui la remplacerait.

Le mépris et la haine réciproques que professaient, avec certains ménagements, les ministres les uns vis-à-vis des autres, sauva la France, mieux que ne l'aurait fait le courage douteux de certains députés ou sénateurs, dont le modérantisme était un sûr garant de leur immobilité au moment du danger.

Dès le début de cette tentative malsaine, il était donc facile de prévoir que l'insurrection, en présence de l'incertitude de la réussite, serait désirée, mais qu'elle ne serait pas directement provoquée.

L'attitude des gauches sénatoriales contractait avec les mesures désordonnées et fébriles du gouvernement ; dans un remarquable Manifeste, les sénateurs libéraux exposèrent la périlleuse situation créée à la France par l'acte funeste du 16 Mai.

Ce Manifeste affirmait la modération et les dispositions conciliatrices de la Chambre des députés. La question était portée devant le suffrage universel entre un pouvoir personnel, dirigé par des influences cléricales et absolutistes, et le respect dû à la manifestation des volontés nationales. Les seuls révolutionnaires étaient ces hommes qui rêvaient le retour à des passés impossibles, au risque de jeter le pays dans le trouble, la confusion et les aventures. Les vrais conservateurs étaient ceux qui avaient reconnu la souveraineté de la nation représentée par ses mandataires ; c'était à cette nation qu'appartenait le dernier mot et qu'était due l'obéissance.

Il ne s'était glissé qu'une phrase malheureuse dans ce Manifeste : « La cause que vous avez à défendre est celle que nos pères défendirent victorieusement en 1830. » C'était maladroit et inexact.

La cause qui fut défendue en 1830 était celle de la

bourgeoisie. La cause qu'il fallait faire triompher en 1877 était celle de la démocratie, victorieuse en 1848 de la monarchie de 1830, de la monarchie censitaire.

La discipline, vigoureusement observée par la presse libérale, empêcha toute critique, et permit de donner une vaine satisfaction à cette minuscule partie des pseudo-doctrinaires, qui admettaient indifféremment que la meilleure des Républiques pouvait être remplacée par un prince d'Orléans, ou que le meilleur des princes d'Orléans pouvait être remplacé par la République.

Un des plus énergiques appuis de la coalition conservatrice était l'ultramontanisme : à la pression administrative s'ajoutait la pression cléricale. Les évêques n'avaient pas craint de lancer des mandements pour inciter les électeurs à donner leurs suffrages aux candidats du gouvernement ; des cérémonies religieuses avaient même été ordonnées dans le but d'appeler les bénédictions du ciel sur le scrutin du 14 Octobre, et quarante-sept prélats n'avaient pas hésité à signer une protestation contre l'empiètement de l'Italie sur les Etats pontificaux.

Ces lettres, plus électorales que pastorales, furent commentées par l'opinion publique, qui en tira naturellement des conclusions inquiétantes pour la paix publique.

Mais ce qui était devenu, par suite de l'oubli du devoir ou tout au moins des convenances auxquelles avait failli l'épiscopat français, un sujet de critique tombé dans le domaine public, parut aux yeux des ministres être inattaquable, au point que toute discussion à cet égard constituait un délit répréhensible et tombait sous l'application de la loi pénale.

M. de Fourtou, en conséquence, enjoignit aux autorités administratives de démentir tous bruits qui pourraient faire supposer que le gouvernement obéissait à des influences cléricales de nature à l'entrainer à compromettre le maintien de la paix. Il invitait donc les préfets et ses subordonnés à surveiller les auteurs de ces coupables manœuvres, à les dénoncer de quelque façon qu'elles se produisissent, par voie d'affiches, d'écrits ou de propos tenus publiquement, de les signaler aux procureurs généraux, qui ne manqueraient pas de requérir, suivant les cas, les peines prévues par la loi, soit pour délit de fausses nouvelles, soit pour délit d'excitation à la haine et au mépris du gouvernement.

A son tour et en ce qui concernait la chancellerie, M. de Broglie transmit aux parquets des instructions identiques.

Si de pareils actes démontraient bien les vifs désirs du ministère de triompher pas tous les moyens, au fond, il était facile d'en saisir l'inanité.

Dieu, vainement sollicité par le clergé, crut devoir s'abstenir.

Il eût mieux valu provoquer, s'il eût été possible, des manifestations impressionnant les masses, comme le discours de M. Gambetta recommandant la candidature de M. Grévy à la députation de Paris, et, au cas de démission de M. de Mac-Mahon, à la présidence de la République.

A titre d'enseignement, il n'est pas inutile d'insister sur la réunion qui eut lieu à ce sujet. Dans l'immense cirque des *Magasins réunis*, avec son double amphithéâtre, s'étaient placés plus de six mille personnes.

Ce n'était plus cette foule tapageuse et gouailleuse des premières réunions électorales ; le peuple de Bellevile était là recueilli et silencieux. Le suffrage universel commençait son éducation virile. Ces multiples pensées humaines comprenaient que le forum devait avoir sa dignité, qu'il était indispensable que le champ de bataille où se livrait le combat de la liberté avait droit à tous les respects.

La lutte suprême allait être engagée, et on allait décider si le gouvernement autoritaire ou celui de la raison régirait les destinées de la France. Le peuple était convaincu qu'au-dessus des brutalités des actes dominaient la vérité et la logigue, comme au-dessus du triomphe de la force plane la victoire remportée sur l'envie et le mensonge.

Dès six heures du soir, une foule nombreuse formait silencieusement une double haie à la porte du lieu de réunion sur la place du Château-d'Eau et dans la rue de Malte. Pas un cri, pas une rumeur. A sept heures, on entre, un par un, afin que la vérification des lettres d'invitation puisse se faire rigoureusement ; à huit heures, la salle est pleine, les portes sont fermées. Quelques minutes après, M. Gambetta paraît à la tribune, il est accueilli par les plus chaleureux applaudissements.

Le président de la réunion ouvre la séance, et déclare que le comité qui appuie la candidature de M. Gambetta a considéré comme un devoir de faire cette réunion privée, afin qu'une fois de plus l'opinion publique put faire entendre sa voix autorisée, et se jeter résolûment à la traverse des tentatives audacieuses du pouvoir personnel.

Après ces quelques mots vivement applaudis, M. Metivier donna la parole à M. Gambetta, qui prononça un de ces discours qui sont un tableau saisissant de la situation et déchirent les voiles de l'avenir.

M. Gambetta, laissant de côté sa candidature dont il lui paraissait peu utile de parler, s'empressa tout d'abord d'apprécier l'état politique de la France et fit connaître son sentiment sur le dénouement certain de la crise. Ce qui était un jeu, dit-il, c'était l'existence du suffrage universel. La haine contre cette institution s'était manifestée en proposant d'en restreindre l'exercice ; par la dissolution de la Chambre nommée par lui, on avait tenté de l'avilir, en obtenant de lui son propre désaveu et sa condamnation. Le suffrage universel faisait la force et le calme de cette démocratie dont l'Europe admirait la sagesse ; il était le seul moyen de dénouer tous les conflits, de conjurer toutes les crises.

N'était-ce pas le suffrage universel qui permettait au pays de traverser paisiblement les épineuses circonstances dans lesquelles se débattait la patrie aussi tristement gouvernée ? N'était-ce pas le suffrage universel de Paris, de la France qui se pressait naguère autour d'un illustre cercueil dans un deuil national ? Cette foule pressée, les millions d'hommes dans les yeux desquels on lisait les mêmes sentiments, disaient le même cri d'union dans la République, n'était-ce pas le suffrage universel qui faisait la manifestation la plus complète ?

Après le grand citoyen que le pays avait perdu, la France, attristée, mais non découragée de sa mort, avait salué l'homme le mieux désigné pour continuer son œuvre d'apaisement, d'union et de concorde, l'œuvre de la nation par la nation.

La France avait choisi sans hésiter l'homme dont la parole était la plus respectée, dont le caractère était le plus honoré, dont le passé était le plus pur, l'homme qui lui avait donné le plus de preuves et de gages de modération, de sagesse et d'honneur, cet homme, c'était M. Grévy.

Quant à lui, il ne cherchait pas à s'élever au-dessus des hommes qui avaient toute leur vie donné au pays et au parti libéral des gages multiples de sacrifice et de dévouement ; il n'était qu'un serviteur passionné de la démocratie Le pouvoir n'était décerné par les concitoyens que lorsqu'il était mérité ; il demandait à le gagner.

Passant ensuite en revue les candidatures entourées de la protection de M. le Président de la République, l'orateur, après avoir affirmé que les 363 reviendraient au nombre de 400, ajoutait que l'âme de la coalition du 16 Mai siégeait à Rome, que c'était de là que partaient les ordres de mobilisation et de concentration. Ces hommes, qui se couvraient du manteau de la religion, aidés par des milliers d'agents de toute couleur et de tout costume, marchaient à la domination temporelle en mettant la main sur les écoles et l'instruction; ils n'ignoraient pas qu'en mettant la main sur le cerveau des jeunes générations, ils pouvaient attendre, traverser les crises, guetter l'occasion en étendant leur réseau, pour perpétuer la politique qui durait depuis trois siècles, et qui tendait à la suprématie de l'Eglise sur l'Etat et au despotisme théocratique résumé dans un chef infaillible.

Les circonstances étaient graves, disait-il en terminant, l'Orient était en feu, et l'Europe troublée, en nous témoignant sa sympathie, redoutait pardessus tout que la France pût tomber entre les mains des agents de la politique ultramontaine et théocratique : la politique du *Syllabus.*

Il fallait que l'Europe connut bien la portée du vote, qu'elle comprit que notre ennemi était le cléricalisme, qu'il importait au suffrage universel de dire : le cléricalisme, voilà le vaincu.

Le discours de M. Gambetta eut un retentissement considérable en France et en Europe ; il devait avoir un effet décisif sur le résultat de la lutte engagée par la nation contre la coalilion cléricale et monarchique. En détruisant tous soupçons ambitieux, M. Gambetta avait été habile, il anéantissait les bruits qui auraient pu faire supposer une rivalité quelconque entre lui et M. Grévy. C'était un acte formel d'adhésion au programme politique, qui consistait à faire de l'ancien Président de la Chambre des députés le chef reconnu officiel du parti républicain. M. Gambetta avait nettement déclaré qu'il ne voulait pas du pouvoir pour lui-même, et il avait recommandé l'homme devant lequel il s'inclinait, l'homme qu'il saluait comme le candidat nécessairement désigné, le moment venu, à la présidence de la République.

## II

Dans les esprits pratiques, en présence d'un échec prévu, les vieux libéraux, qui avaient subi les coups de force du second empire, ne pouvaient admettre que le maréchal n'irait pas jusques au bout; des groupes peu nombreux, mais éprouvés, s'étaient, dès les premiers jours de septembre, organisés dans le but d'opposer une résistance complète contre une tentative illégale. Pour eux, il fallait s'appuyer sur l'indignation publique dont la surexcitation était extrême, et aller hardiment au combat si la lutte devenait inévitable.

A côté d'eux se trouvaient les hommes nouveaux, moins expérimentés, que les égarements de la Commune avaient affolés et qui supposaient que, contre la force illégale, il suffisait de faire appel au droit; ils se réfugiaient avec une bonne foi naïve derrière le texte de la loi Tréveneuc, la loi qui peut le moins être ramenée à exécution.

Cette loi, en cas de dissolution illégale de l'Assemblée nationale, autorisait la réunion immédiate du conseil général qui nommait deux délégués; les délégués réunis à la partie de l'Assemblée violentée pouvaient bien prendre des décisions, afin de restituer à l'Assemblée nationale la plénitude de son indépendance et l'exercice de ses droits, mais comment admettre que cette loi pût être appliquée dans de pareilles conditions ?

Comment supposer, dans l'hypothèse d'un Coup d'Etat, que les conseils généraux auraient la facilité de se réunir, que les délégués pourraient en temps utile constituer, avec les débris de la Chambre, une Assemblée nationale?

Cette loi eût été peut-être pratique, si les présidents et les vice-présidents des conseils généraux eussent été de droit délégués, s'ils avaient eu le pouvoir de créer une administration départementale ayant une autorité dictatoriale, s'ils avaient été tenus de se rendre, sans délai, dans une des grandes villes de la France pour protéger l'Assemblée nationale ; mais, avec les mesures procédurières qui l'environnaient, la loi Tréveneuc n'était qu'un leurre.

A ce moment tout esprit réfléchi était persuadé que l'insurrection seule aurait pu triompher d'un nouveau crime politique, ou, tout au moins, résister à une tentative d'aventuriers.

Cette loi fut cependant imprimée en tête de tous les journaux républicains ; ce ne fut là qu'une menace assez vaine et une satisfaction sans portée, donnée à ce petit groupe de libératres bourgeois, que les circonstances avaient jetés dans les rangs de la démocratie, parce qu'ils avaient compris que le succès était avec elle.

Sa victoire était en effet certaine ; l'heure de la délivrance et des justices réparatrices allait sonner : elle avait été attendue avec le calme d'un peuple qui sait sa force.

La veille du combat, M. Victor Hugo avait prononcé, à Montmartre, un discours qui était tout un programme politique et avait fait une profonde impression. Il s'était même produit un fait qui indiquait combien on était d'accord pour empêcher le renouvellement d'actes pareils à celui du 16 Mai. L'orateur avait dit, en faisant allusion à la candidature de M. Grévy, que, dans le but d'éviter tout retour vers le césarisme, il fallait nommer le président de la République. « Je me trompe, avait repris M. Victor Hugo, je veux dire: le président de la Chambre dissoute. »

L'allusion avait été applaudie avec enthousiasme, et les applaudissements significatifs ne laissaient aucun doute sur l'ensemble des efforts qui allaient lutter contre l'arbitraire du pouvoir exécutif.

Dans cette réunion tenue à Montmartre, la majorité des assistants était composée de commerçants et d'industriels; ils venaient soutenir la démocratie qui combattait contre les hommes du passé toujours vaincus, jamais lassés, pour conserver les conquêtes des libertés de 1789; le coup d'Etat du 16 Mai était un de ces retours offensifs de la vieille société; il suffisait de connaître ceux qui marchaient derrière pour en être convaincu.

C'étaient les souteneurs de la monarchie du droit divin, des hommes d'un libéralisme menteur, dissimulant mal leur mépris pour le suffrage universel, les conseillers du despotisme césarien, qui repoussaient du césarisme lui-même ce qui pouvait le rapprocher par quelque point de contact de la grande Révolution : accouplage de haine et de défiances.

Il eût fallu douter de l'honnêteté de la France pour douter de l'insuccès de cette coalition.

Son écrasement fut complet.

Trois cent dix-huit républicains, cent quatre-vingt dix-neuf conservateurs furent élus.— Il y eut lieu à de nouvelles élections, dans douze circonscriptions, à la suite de ballottages.

Les journaux ministériels essayèrent de discuter la victoire obtenue par les républicains, mais la vérité éclatante, irrésistible, c'est que la Chambre du 14 Octobre 1877, comme celle du 20 Février 1876, contenait une imposante majorité républicaine; la majorité républicaine de l'Assemblée de 1876, après les ballottages et les invalidations, était de plus de cent cinquante voix; la majorité de l'Assemblée de 1877, après les ballottages et les invalidations, devait être de plus de cent cinquante voix également.

C'était le résultat brutal, indéniable des élections du 14 octobre.

Quant aux conséquences primordiales à tirer de ces élections, elles se présentaient d'elles-mêmes à l'esprit de tous; il avait fallu que la France fût énergiquement décidée à ne pas accepter un gouvernement autre qu'un gouvernement s'appuyant sur le suffrage universel, pour qu'elle eût résisté aux violences et aux pressions de toute nature; il avait fallu que le pays eût sagement compris que la forme gouvernementale républicaine est celle qui se prête le mieux à la défense des intérêts de la démocratie, pour qu'il n'eût pas cédé aux incitations mauvaises de tous les partis monarchiques coalisés.

## III

Après ces élections, les ministres n'avaient qu'à se retirer et à suivre l'exemple du ministère Buffet, lorsque, le 20 Février 1876, la France avait affirmé nettement sa volonté par des élections républicaines. La dignité des ministres, les règles du gouvernement parlementaire, la probité politique exigeaient, en présence d'un échec aussi éclatant, une détermination rapide; mais MM. de Broglie, de Fourtou et leurs collègues paraissaient ne pas désirer se séparer du pouvoir sans une nouvelle tentative, et les journaux officieux du gouvernement allaient jusques à affirmer que le maréchal ne songeait nullement à abandonner les auxiliaires de sa politique.

Une circonstance doit cependant être signalée : Dès le 18 octobre, le *Constitutionnel* annonçait la formation d'un ministère qui devait être composé par MM. Dufaure et d'Audiffret-Pasquier ; mais ce bruit était démenti par M. Dufaure dans une lettre qu'il avait adressée à M. Savary et qu'il faisait insérer dans les journaux.

« S'ils lisent, disait-il, avec le même sentiment que moi, la liste des candidats officiels, cette conception peut être la plus étrange de l'entreprise électorale qui dirige les actes du gouvernement; ils seront portés plus que jamais à choisir pour leur représentant l'adversaire direct, éloquent et courageux, du fameux comité de l'Appel au peuple. »

Le ministère était, en effet, loin de vouloir se retirer ; il ne désespérait pas encore de pousser le maréchal à aller jusques au bout; mais il était obligé de se mettre au-dessus de la coalition conservatrice elle-même, qui se désagréait après la défaite.

Comme par enchantement, les forfanteries des organes de cette coalition étaient tombées à plat. Chaque parti ne cherchait qu'à rejeter sur son associé politique les causes de l'insuccès.

Les journaux bonapartistes soutenaient que s'ils avaient dirigé le Coup d'Etat du 16 Mai, ils auraient fait une meilleure besogne, et que plus leurs candidats avaient porté haut leur drapeau et plus ils avaient triomphé.

De son côté, la presse catholique engageait les cléricaux à ne plus donner leur concours à de prétendus hommes d'Etat qui craignaient de se compromettre en l'acceptant : le ministère pourrait encore les livrer par des désaveux à la Révolution ; mais cette tactique, sans justice et sans gloire, ne servirait ni l'honneur ni les intérêts des ministres. Quant aux partisans de la légitimité, ils étaient sûrs de ne rien perdre en ne se prêtant plus aux combinaisons de ces gens habiles.

Les feuilles orléanistes déclaraient qu'elles n'avaient ni conseillé, ni appelé la crise que l'on venait de traverser, qu'elles l'avaient au contraire déplorée.

Si chaque fraction de l'union conservatrice expliquait au mieux de ses intérêts la cause de l'échec, en repoussant toute responsabilité en ce qui concernait l'aventure du 16 Mai et les conseils donnés, les organes de ces partis étaient à peu près unanimes pour provoquer un Coup d'Etat : ils disaient que la conciliation etait impossible, que le maréchal ne pouvait pas plus aller aux 363 que les 363 ne pouvaient aller à lui, que la politique à inaugurer était le combat. C était une bataille à engager, et puisque M. Gambetta demandait la mise en accusation du maréchal et du cabinet, les ministres et le Président de la République devaient se défendre, et défendre au besoin la Constitution avec les chassepots. D'ailleurs, ajoutaient les feuilles réactionnaires, les 363 n'avaient ni le pouvoir ni le mandat qu'ils prétendaient tenir de la nation, ils étaient des factieux, et s'ils parlaient, menaçaient ou agissaient en factieux, c'est en factieux que l'on devait les traiter. Il n'était pas plus admissible de supposer que le maréchal eût subi le rôle qu'il avait joué au 16 Mai, qu'il n'était permis de le croire, sans lui faire injure. Il fallait donc en revenir à la reprise du combat contre la Révolution. Un gouvernement ne se sauvait jamais par des faiblesses. Les concessions arrachées ne faisaient que le déconsidérer, et, au lieu de disparaître et de tomber misérablement, il valait mieux pour lui tomber de haut, comme tombe le soldat sur le champ de bataille.

Tel était le langage de la presse conservatrice.

Pour ne laisser aucun doute de ses intentions dans l'esprit de personne, le gouvernement avait donné des instructions pour que les poursuites qui avaient été dirigées contre Gambetta fussent aussi rapides que possible.

M. Gambetta avait dit dans sa circulaire à M. le Maréchal qu'il n'avait plus qu'à se démettre ou à se soumettre, et, à raison de cette phrase, M. Gambetta avait été, le 8 octobre, assigné devant le tribunal correctionnel, et condamné par défaut, le 12 octobre, à trois mois de prison et quatre mille francs d'amende, pour offenses envers le Président de la République. Le 22 octobre, cette condamnation était notifiée à M. Gambetta, pour que, lors de la réunion de la Chambre, la condamnation fût définitive.

Le ministère, affolé, voulait placer, entre M. Gambetta et le Président de la République, une décision judiciaire constatant l'outrage commis envers le chef de l'État par l'ancien membre du gouvernement du 4 Septembre.

## IV

Mais, à côté de ces dispositions hostiles, prêtes à engager la lutte, se manifestaient, il faut le dire, des sentiments de conciliation dont il était facile de deviner les tendances.

Ces agissements, d'un désintéressement douteux, émanaient des princes d'Orléans; les princes ne pouvaient avoir qu'un double but; détruire par tous les moyens les influences bonapartistes, substituer leurs créatures aux personnalités qu'ils savaient ne pas leur être sympathiques, et protéger au besoin la République pour se protéger eux-mêmes contre le retour d'un troisième empire.

Dès l'instant qu'ils étaient certains que le flot ne les poussait pas au pouvoir, il était politique, pour eux, d'empêcher tous partis dynastiques d'y arriver. Un Coup d'Etat, dans le genre de ceux du 18 Brumaire ou du 2 Décembre, n'était possible qu'avec des hommes d'action, des révolutionnaires ambitieux, et ce n'est pas dans les rangs des orléanistes qu'il eût été facile de trouver des aventuriers de cette trempe, assez audacieux pour essayer une tentative aussi périlleuse que criminelle.

D'ailleurs, pour sanctionner ces coups de force, il faut obtenir l'assentiment du nombre, et le nombre avait constamment fait défaut aux orléanistes; les élections du 14 Octobre l'avaient victorieusement démontré.

Dans les revirements politiques, ce sont généralement les subalternes qui sont lancés, afin de sonder l'opinion. On les désavoue au besoin, et tout est dit: c'est le procédé dont se servirent les orléanistes lorsqu'ils décidèrent de rompre avec la coalition.

Une lettre du secrétaire du duc d'Aumale, M. Langel, parut dans un journal belge : elle indiquait clairement qu'elle était la position qu'allait prendre la famille d'Orléans ; en voici les principaux passages:

« La volonté nationale s'est déclarée pour la République.

» Je dis que c'est là pour nous un grand fait, un fait qui domine et rejette dans l'ombre mille considérations secondaires. On se brise à vouloir lutter contre des forces irrésistibles ; chacun peut, dans son cœur, concevoir des regrets, des craintes, conserver des espérances vagues. Le présent domine tout.

» Pour la bourgeoisie française, cette bourgeoisie si nombreuse, si active, si remuante, qui remplit toutes les professions libérales, qui dispose de toutes les influences locales, elle semble de plus en plus incliner vers le gouvernement républicain. Il fut un temps où elle préférait cette forme de gouvernement qui se nomme la monarchie constitutionnelle. Elle a encore beaucoup d'attachement et de respect pour les représentants naturels de cette cause ; mais aujourd'hui elle n'aperçoit plus la monarchie constitutionnelle que derrière la figure du comte de Chambord, figure pour laquelle elle n'a jamais conçu que de l'aversion que derrière le parti légitimiste, qu'elle a toujours détesté. »

C'était la désertion non équivoque, la condamnation du 16 Mai.

En même temps et par un brusque changement, tous les journaux orléanistes faisaient appel au patriotisme, à la légalité, aux idées d'apaisement et de conciliation. Il n'était plus question de sauver la France à la pointe des baïonnettes. Il était certain que la lutte contre la volonté nationale était impossible, il était opportun de s'incliner devant elle.

Au milieu du désarroi de cette défection, la situation du gouvernement devenait inextricable. Une partie de ses alliés déclarait hautement qu'elle ne voulait pas aller « jusques au bout, » et il fallait cependant trouver une solution.

Les bonapartistes demandaient une seconde édition du Coup d'Etat du 2 Décembre, avec application de la théorie de l'Appel au peuple. Les organes de Froshdorff offraient leur prince et le retour de la monarchie de droit divin. Seuls les orléanistes, revenus à résipiscence, paraissaient entrer dans le domaine de la logique et de la raison, en désirant un régime parlementatre et la pratique sincère de la Constitution.

Quant aux adversaires du gouvernement, ils lui signifiaient qu'ils n'accepteraient la soumission que si elle était accompagnée de garanties sérieuses, ce qui équivalait à lui poser le dilemme de M. Gambetta : « Se soumettre ou se démettre. »

Résister par un de ces coups de force que le succès ne justifie pas et qui sont une honte pour les aventuriers qui les tentent et un malheur pour la nation qui les subit, était dangereux. Les groupes monarchistes se seraient immédiatement unis au parti républicain pour s'opposer à cette tentative criminelle, et, dans ces conditions, il est certain que le triomphe était plus que douteux.

Donc, il fallait en revenir à l'alternative « de se soumettre ou de se démettre. »

On comprend que, placé entre ces deux situations, le gouvernement devait être hésitant et indécis, et qu'il était plus facile aux républicains de suivre une ligne de conduite correcte et habile.

Dans un Manifeste net et précis, les gauches sénatoriales avaient esquissé la position politique des partis et stimulé le zèle de tous, en ordonnant la modération.

Le scrutin du 14 Octobre avait bien été une grande victoire pour la République, mais il était opportun de ne rien précipiter et d'attendre quelques jours pour poursuivre les résultats du succès.

Le ministère qui avait fait le 16 Mai ne pouvait évidemment pas affronter la réunion des représentants du peuple, il avait intérêt à fatiguer la patience du pays; l'Assemblée ne devait se réunir que le 7 Novembre, et les ministres avaient encore à présider, avec le concours de leurs fonctionnaires, le second tour de scrutin du 28 Octobre et le renouvellement partiel des conseils généraux et des conseils d'arrondissement.

Ces élections avaient leur importance et leur gravité ; une majorité de cinquante-deux sénateurs seulement avait voté la disssolution de la Chambre ; le tiers du Sénat devait être renouvelé au mois de décembre 1878 ; il suffisait d'un renouvellement favorable à la République pour mettre l'esprit du Sénat en accord avec celui de la Chambre des députés, et éloigner ainsi pour un long avenir toutes chances de conflit.

Il fallait donc aller au scrutin, le 28 octobre et le 4 novembre, avec la même ardeur que l'on avait déployée au 14 Octobre, et consacrer par de nouvelles défaites la chute du ministère du 16 Mai. La candidature officielle allait reparaître moins confiante,mais tout aussi énergique. Violences, pressions administraves et de toutes sortes devaient se reproduire avec une intensité et un ensemble identiques.

M. Gambetta se chargea de faire l'histoire des cinq mois écoulés et de flétrir l'impudence du ministère de Broglie.

Dans un discours prononcé à Château-Chinon, il développa en traits saisissants la triste époque que la France venait de traverser. Jamais la vérité historique ne fut aussi brillamment démontrée, jamais la raison ne parla mieux le langage éloquent de la loyauté et de l'indignation.

L'histoire du Coup d'Etat du 16 Mai est entière dans le discours du membre du gouvernement du 4 Septembre. Les déductions logiques et exactes éclairent d'une trop vive lumière cette époque pendant laquelle il y avait un certain courage à lutter, pour que nous ne reproduisions pas les passages saillants du discours de cet homme d'Etat :

« Mes chers concitoyens,

» Enfin, nous voilà réunis comme il me plaisait qu'eût lieu cette réunion d'hommes venus de tous les points de la circonscription, ayant quitté leur travail quotidien pour obéir au sentiment du devoir qui les anime, pour venir ici, à la veille du scrutin complémentaire du 28 octobre, formuler une volonté libre d'entraves et désormais en pleine possession d'elle-même....

» Vous êtes, je l'ai dit, des hommes de labeur, des hommes des champs, des paysans investis de ce droit légitime — si longtemps contesté par les prétendues classes dirigeantes — de ce droit souverain de venir, à une heure choisie, déposer, dans une urne qui devrait être débarrassée de toutes les pressions et de tous les obstacles, l'expression de votre conscience politique.

» Eh bien ! il est malheureusement trop vrai que non-seulement ici, mais dans presque tous les départements de la France, on a exercé, sur le suffrage universel, la pression, l'intimidation, la menace, la fausse nouvelle, la contrainte ; on a semé la peur, on a répandu la terreur. On a eu recours en trois jours à plus de violence et d'arbitraire que l'empire — l'empire exécré lui-même — ne nous en avait fait connaître en vingt ans.

» Après cette dissolution de la Chambre, qu'a-t-on fait ? On a mis aux affaires la minorité, une minorité que j'appellerai bigarrée, car il y avait de tout dans cette minorité, excepté des républicains. Et, à l'image de ce gouvernement de minorité, on a fait une administration de minorité aussi. On a choisi tous les agents que pouvaient bien recéler les rangs de tous les anciens partis, et on leur a donné les places, les postes qu'occupaient avant eux des républicains très-modérés, installés aux affaires par l'illustre M. Thiers. Et vous croyez qu'on leur a donné le mandat d'administrer, de gérer les affaires ? Point du tout. A tous on a donné le mandat de faire de la politique électorale.

»Et alors, on a vu la France entière livrée à l'ardeur de la lutte électorale, et menée par un gouvernement qui présentait, comme candidats officiels, les représentants de tous les partis ligués contre elle, et le clergé excitant, échauffant les passions et les colères de tous ces partis coalisés.

»Oui, si on avait laissé faire des élections comme on les fait non pas seulement dans la libre Amérique, non pas seulement à nos portes, comme en Suisse ou en Belgique, où le snffrage est restreint, mais comme dans la monarchique Angleterre, ou comme en Italie, il est certain que ce n'est pas 400 voix que nous aurions eues dans la Chambre, mais c'est 450 ; c'est la quasi-unanimité. Car lorsqu'on réfléchit à ce que l'on a fait : fausses nouvelles, destitutions, vexations, tracasseries, suppression de journaux sur la voie publique ; quand on songe au nombre de cabarets fermés, ces cabarets, lieux de réunion naturelle des populations travailleuses des villes et des campagnes ; quand on pense au nombre de petits agents qui ont été destitués jusque dans les plus petits hameaux ; quand on pense à ce qu'il a été proféré de menaces à l'adresse des individus qui se permettaient d'avoir une libre allure. — Oui, quand on pense à tout cela, on comprend ce qu'auraient été des élections faites sans entraves, sans obstacles, sans pression....

» Il y a même, dans la lutte actuelle, un autre sujet d'étonnement profond. On se demande comment il se peut faire que des représentants d'anciens partis monarchiques, que des gens de probité et d'honneur qui ont lutté, à leur heure, contre les tentatives oppressives du césarisme, en soient venus par passion, par haine, par rancune, à mettre leur main dans la main d'hommes de l'empire, et quelquefois à cacher leur drapeau derrière le drapeau de l'empire. Non ! non ! il faut réagir contre ces entraînements sans profit et qui ne peuvent pas être honorables. Aussi je pense qu'à mesure que le gouvernement républicain s'asseoira, s'installera, s'affermira par les bienfaits mêmes qu'il peut et doit procurer à la démocratie, sans porter atteinte à ce qu'il y a de légitime dans l'influence et dans la tradition véritablement nationale, je pense que tout le monde pourra prendre, au soleil de la République, la place de bons serviteurs de la patrie ; je crois que, lorsqu'on a des espérances irréalisables, on ferait mieux de les garder, si on le veut, au fond du cœur, mais de se conduire toujours en conformité avec la vérité politique et avec la réalité des choses.

» En vous remplissant la tête de vaines terreurs, de calomnies, de diffamations contre la République et contre les républicains, déjà, en 1848 ou 1849, ils étaient parvenus à produire ce phénomène monstrueux d'un peuple qui, par ses intérêts, ses nécessités, par ses traditions, comme par ses aspirations, est et doit rester une démocratie, tournait le dos à son histoire et devenait l'ennemi de la seule forme de gouvernement qui pouvait lui assurer cette satisfaction de l'éducation pour tous, de l'égalité politique, du progrès matériel et moral que l'on peut accomplir dans la commune, dans le canton, pour l'émancipation du plus humble, pour donner à chacun ce moyen qui est le premier des capitaux et qui détermine véritablement dans la vie le malheur ou l'aisance — ce moyen dû à tous, l'instruction. Or, s'imaginer qu'on peut avoir l'éducation, qu'on peut obtenir la liberté communale ou départementale, la liberté politique, le droit de gérer ses propres affaires conformément aux intérêts de la communauté, dans un gouvernement autre que le gouvernement républicain, c'est là un contre-sens, c'est véritablement se donner à soi-même un démenti formel....

» On dit que nous avons inventé le spectre clérical. Je voudrais bien que ce ne fût qu'un fantôme. Malheureusement tout atteste sa présence, sa puissance et son activité. Ne l'avez-vous pas vu dans les élections? Ne l'avez-vous pas vu dans les églises transformer les chaires en tribunes politiques? Ne connaissez-vous pas les paroles prononcées par un orateur qui n'est pas un orateur sacré, mais un orateur électoral ?

» Je n'ai jamais attaqué la religion ni ses ministres quand ils se sont renfermés dans leur domaine religieux, moral et sentimental, mais j'ai combattu et je combattrai les hommes qui, à l'aide du trouble et de la confusion, veulent faire un instrument de domination et de règne de ce qui ne devrait être qu'un moyen de consolation et d'assistance.

» Vous connaissez maintenant la nature de vos droits et l'étendue de vos devoirs. Vous avez en main l'instrument libérateur, eh bien ! répandez-vous dans les campagnes, et dites partout qu'il n'est pas possible d'imprimer plus longtemps, au front de la circonscription de Château-Chinon, cette tâche qui consisterait à en faire le réduit et comme le repaire des derniers bonapartistes de la Nièvre.

» Et maintenant, quoi qu'il arrive, ayez confiance. La majorité qui va retourner sur les bancs de Versailles reprend possession de ses siéges ; on lui a plustôt rendu son mandat qu'on ne lui en a décerné un nouveau ; elle rentre avec le sentiment de l'injure qu'elle a reçue, mais que le pays a suffisamment réparée ; elle rentre avec le sentiment de devoirs à remplir, mais elle est résolue à son devoir, tout son devoir.

» Je n'ai pas à faire connaître ici ses résolutions, mais ayez confiance ; elle saura, sans sortir de la légalité, mais en y maintenant énergiquement tout le monde, faire prévaloir la seule autorité qui, dans ce pays, ait le droit de s'imposer aux plus hauts comme aux plus humbles, à ceux qui reconnaissent comme à ceux qui nient, la souveraineté nationale, l'autorité de la France. »

## V

Ce discours eut un grand retentissement et fit une profonde impression dans le pays, qui, dans de nouveaux efforts, allait trouver une nouvelle énergie pour vaincre les résistances opposées à sa volonté.

Nul ne se dissimulait que si le coup de force du 16 Mai avait triomphé au 14 Octobre, ce n'était pas un ministère de combat qui aurait gouverné la France, mais un ministère de déportations et de fusillades. Vaincu, le ministère aurait dû tomber, le lendemain de sa défaite, sous l'indignation publique ; mais il voulait essayer d'une dernière violence ou placer, entre lui et les représailles, des personnalités qui amortiraient les coups.

M. de Broglie inventa une manœuvre qui ne manquait pas d'une certaine habileté : en votant la dissolution de la Chambre, le Sénat avait donné au

Cabinet et au maréchal une marque de confiance; dès lors, le ministère n'avait qu'à solliciter un vote de confiance pour approuver les motifs qui l'avaient dirigé dans la lutte électorale.

Si le Sénat répondait, comme il était probable, par un ordre du jour qui, tout en approuvant la conduite des ministres du 16 Mai, invitait le maréchal à choisir un cabinet dans la majorité parlementaire, M. de Broglie et ses collègues donnaient leur démission, rendaient ainsi sa liberté d'action au Président de la République, qui n'avait à poursuivre sa campagne contre la Chambre que pour le compte du Sénat.

A ce moment, il était avéré que le pays ne voulait plus des hommes du 16 Mai, et trois précisions apparaissaient nettement formulées : 1° le parti légitimiste, désabusé, refusait de se prêter gratuitement et sans garanties expresses à d'autres aventures; 2° les bonapartistes, en présence de la défection de l'orléanisme, prenaient une attitude hostile vis-à-vis de leurs alliés de la veille ; 3° les princes d'Orléans cherchaient à exploiter à leur profit cet état de choses.

C'est dans cette situation des partis qu'allaient se mouvoir des intrigues qui n'avaient qu'un inconvénient, celui d'oublier les faits accomplis.

Toutes ces combinaisons chimériques avaient à se butter contre les manifestations de la veille : sur 526 députés élus, on comptait 318 républicains, 112 bonapartistes, 96 monarchistes. Si l'on ajoutait les trois siéges contestés et les quatre siéges des colonies, les républicains disposaient dans la nouvelle Chambre de 325 voix, soit 117 voix de majorité.

Les élections du 4 novembre aux conseils généraux et aux conseils d'arrondissement avaient été plus significatives encore. Le parti républicain avait gagné plus de 200 voix, et, dans un grand nombre de départements, la majorité conservatrice se trouvait ainsi déplacée.

Accablé par ces échecs successifs, le ministère hésitait à agir; ses décisions se modifiaient avec une rapidité extrême. Dans le conseil des ministres tenu le 31 octobre, M. le Maréchal, pour la première fois, était résolu à se soumettre aux volontés de la majorité des électeurs et à abandonner la politique inaugurée le 16 Mai.

A l'issue du conseil, le bruit de la formation d'un ministère centre droit constitutionnel, qui avait pour président le duc d'Audiffret-Pasquier, circula dans les cercles politiques.

Renseignements pris, cette nouvelle fut démentie. Le président de la Chambre haute avait bien conseillé au maréchal la formation d'un Cabinet dont les membres devaient être pris dans les centres des deux Assemblées, mais il n'avait nullement déclaré qu'il en ferait partie.

On avait annoncé en même temps la démission du ministère pour le 5 novembre; c'était encore inexact. M. de Fourtou avait fait valoir avec beaucoup d'insistances le désarroi qu'un tel acte produirait dans les rangs des candidats aux élections des conseils généraux déjà engagés sous l'étiquette officielle, et ces insistances avaient fait abandonner le projet de former un Cabinet qui aurait expédié les affaires jusques à la nomination de nouveaux ministres.

Quant à composer un cabinet donnant satisfaction aux manifestations du suffrage universel, le maréchal résistait énergiquement à cette mesure, il ne voulait pas sortir des personnalités du centre droit du Sénat.

Vainement, des membres même de ce groupe, reconnaissant d'avance l'inanité de ces efforts, engageaient le Président de la République à désigner un ministère centre gauche modéré; ces conseils étaient loin d'être écoutés.

Les résolutions de l'Élysée flottaient à l'aventure et changeaient d'heure en heure; à peine une décision était-elle prise, qu'il se produisait un revirement soudain.

La violence, un appel au Sénat, la soumission avec réserves étaient tour à tour examinés et rejetés ; pour mettre le comble à ces indécisions, le maréchal paraissait ne pas être éloigné de se démettre des fonctions de la Présidence ; mais cette pensée ne pouvait longtemps germer dans l'esprit du maréchal. Il n'est pas aisé de quitter le pouvoir, et il n'est pas de mauvaises raisons que l'on ne s'inflige pour se dissuader d'une abdication. L'autorité perdue laisse après elle trop de regrets, surtout à ceux qui n'ont pour se relever, à leurs propres yeux, que les fonctions qu'ils exercent.

Aussi les menaces de démission dans la bouche du Maréchal ne devaient pas être prises au sérieux, et ce qu'il était plus admissible de prévoir était un acte de nouvelle illégalité ou un ministère de transaction.

C'est avec plus de vraisemblance que les journaux annoncèrent un ministère composé d'individualités peu en vue; des noms ignorés de tous furent mis en avant : MM. Clément, Dumas, de Montgolfier, etc., etc. Le ministre de la marine n'était pas désigné, et c'était, ajoutait-on, le plus connu de tous.

Le ministère était mort avant de naître; M. Pouyer-Quertier, qui était chargé de le composer sur des sollicitations pressantes, avait, après un vain essai, reconnu que la combinaison ne pouvait aboutir et avait fait connaître au Président qu'il était obligé de rendre le mandat qui lui avait été confié.

Cette situation tendue avait eu pour conséquence de permettre au maréchal le jeu de la démission. Cette comédie réussit à ses souhaits, du moins cette fois. Il simula un ennui et un énervement qui le déterminaient à se retirer ; il voulait, par ce moyen, obtenir des partis jetés ainsi dans le désarroi des sollicitations, qui justifieraient son maintien à la Présidence.

Les bonapartistes comprirent alors, mais tardivement, qu'ils étaient joués.

Le *Pays* fut le premier à le dire, et, dès le 4 novembre, il ne cachait pas ses impressions au Président de la République :

« On dit que le maréchal manquerait à ses paroles, manquerait à ses engagements, manquerait à ses serments.

» On dit qu'il abandonnerait ses amis, s'estimant suffisamment heureux s'il se garantit lui-même !

» Semblable à Louis XVI, que l'émeute appelle à la fenêtre de son palais, il sera menacé du bonnet rouge.

» Non, ce n'est pas possible ! Cela ne se peut pas ! Cela ne peut pas être !

» Plutôt la démission qu'un outrage ignominieux.

» Et s'il est vrai, comme nous le redoutons, que le maréchal soit prêt à manquer à sa mission providentielle, à manquer à son passé, à manquer à tout, qu'il parte, qu'il parte, pendant qu'il est temps encore, non pas pour nous, mais pour lui ! »

La mise en demeure de l'organe de Chislehurst avait peu de portée. M. d'Audiffret, devenu duc et Pasquier par la grâce de l'empire, n'eut pas de peine à faire revenir le maréchal sur une détermination simulée. Il fit valoir que le ministère de Broglie avait été battu, qu'il avait trompé les aspirations des droites du Parlement, qu'il ne lui restait plus qu'à se retirer, et qu'il n'hésiterait certainement pas à donner cette preuve de dévouement à M. de Mac-Mahon, à celui qui, le 24 Mai, avait accepté la présidence de la République.

Quant aux engagements pris, il en était d'eux ce qu'il peut bien advenir des serments politiques, que les hommes d'Etat oublient avec une indépendance de caractère qui les empêchent de choir dans la vulgarité.

D'ailleurs, la soumission était facile, en supposant que l'on dût aller jusques au centre gauche. N'avait-on pas sous la main un homme qui, président du conseil des ministres, offrirait une satisfaction suffisante aux républicains naïfs et des garanties sérieuses aux conservateurs ? On savait que M. Dufaure éloignerait systématiquement du pouvoir les défenseurs des institutions démocratiques, et c'était important.

Aller jusques à M. Dufaure fut l'avis de M. le duc d'Audiffret-Pasquier; au-delà, eût été compromettre l'avenir de l'orléanisme.

C'est dans ce sens que l'on manœuvra à l'Elysée.

## VI

La décision avait été prise après le scrutin du 4 novembre, qui n'avait pas été un moindre succès pour la République que le scrutin du 14 Octobre.

Des échecs hautement significatifs avaient atteint les réactionnaires. M. de Broglie avait été battu. M. de Rostchild avait subi une défaite. M. de Parieu, sénateur de la droite, avait vu triompher M. Bastid, député républicain, un des 363. L'amiral et sénateur, M. La Roncière le Noury, avait été battu par M. Corbeau, républicain; le président du comité républicain, M. Lamothe, qui avait combattu la candidature de M. Paul de Cassagnac, avait été élu dans le Gers.

M. Loiseau, ancien membre des commissions mixtes, président de la Cour d'appel de Besançon, avait vu lui échapper le canton de la Mouthe qui lui était inféodé depuis longues années. Dans le département du Rhône, trois conseillers généraux bonapartistes avaient été remplacés par trois conseillers généraux républicains.

Au conseil d'arrondissement, identiques résultats.

La victoire était aussi complète le 4 novembre que le 14 Octobre. Le 9 novembre, 1,400 résultats étaient connus. Les républicains l'emportaient dans 815 cantons, les réactionnaires dans 500. Il y avait 84 ballottages.

Les républicains avaient la majorité dans 49 conseils généraux, les réactionnaires dans 37.

Il ne sagissait plus que de profiter des victoires successives remportées par la démocratie et le parti libéral.

La Chambre s'était réunie le 8 novembre ; du 8 novembre au 12, elle se constitua et put enfin, à cette date, prendre une détermination.

A la séance du 12, M. Albert Grévy déposa une proposition ainsi conçue :

« Considérant que les élections des 14 et 28 octobre ont été faites dans des conditions qui imposent à la Chambre des députés, protectrice du suffrage universel, dont elle est issue, un devoir exceptionnel ;

» Que la campagne au cours de laquelle, pendant cinq mois, toutes les lois ont été violées pour excercer sur les élections une pression illégitime, a été couronnée par le scandale de la candidature officielle, s'étalant sous une forme et se manifestant par des procédés qui ont révolté la conscience publique ;

» Que les moyens mis en œuvre pour essayer de dénaturer l'expression de la volonté nationale, indépendamment de l'effet qu'ils peuvent avoir sur la validité des élections au profit desquelles ils ont été employés, sont de nature à engager, à des titres divers et sous diverses formes, la responsabilité de leurs auteurs, quels qu'ils soient, et qu'il importe, pour que les responsabilités se dégagent et deviennent effectives, que tous les faits délictueux ou criminels soient recueillis et présentés dans un tableau d'ensemble qui permette à la Chambre de formuler, avec précision, les résolutions qu'elle croira devoir prendre pour en assurer la répression et en prévenir le retour;

» Considérant que le devoir, pour la Chambre des députés, de veiller au respect et à la défense du suffrage universel, est d'autant plus étroit que ceux qui ont prétendu vouloir le consulter, n'ayant pu dénaturer son verdict, affectent aujourd'hui de n'en tenir aucun compte et se mettent à l'état de rébellion contre la souveraineté nationale ; »

La Chambre adopte la résolution suivante :

Article premier. — Une commission de 33 membres, nommée dans les bureaux, sera chargée de faire une enquête parlementaire sur les actes qui, depuis le 16 Mai, ont eu pour objet d'exercer sur les élections une pression illégale.

Art. 2. — A cet effet, la commission, indépendamment des enquêtes particulières qu'elle croirait devoir faire dans les départements, pourra, soit sur le renvoi qui lui en serait fait par la Chambre au cours de la vérification des pouvoirs, soit d'office, se faire remettre tous les dossiers des 14 et 28 octobre.

Elle est investie, pour remplir sa mission, des pouvoirs les plus étendus qui appartiennent aux commissions d'enquête parlementaire.

Art. 3. — Elle déposera le plus tôt possible un rapport dans lequel, après avoir constaté tous les faits de nature à engager n'importe à quel titre la responsabilité de leurs auteurs, quels qu'ils soient, elle proposera à la Chambre les résolutions que ces faits lui paraîtront comporter.

Dans les développements donnés à sa proposition, M. Albert Grévy n'avait pas hésité à dire que, si la Chambre n'avait pas suivi la procédure habituelle en ordonnant le renvoi aux ministres compétents, c'est qu'une procédure qui appellerait les coupables devant les agents du 16 Mai serait vaine et dérisoire, puisque ces mêmes agents avaient été les instigateurs des délits.

La proposition Grévy, après avoir été immédiatement examinée dans les bureaux, fut adoptée à la séance suivante.

Cette proposition devait aboutir plutôt à l'accusation morale que réelle des ministres du Coup d'Etat.

C'était rééditer l'histoire de la mise en accusation du ministère de Villète en 1828 ; la majorité de la Chambre, à l'exception des députés de l'extrême gauche, était résolue d'avance à ajourner indéfiniment cette menace, qui ne devait être qu'une arme dont l'Assemblée ne voulait pas faire usage.

Vaine satisfaction donnée au pays ! Il était facile d'en prévoir les suites. Quelque député de la gauche consentirait un jour à jouer le rôle qu'avait autrefois rempli M. Labbey de Pompières, et, après une volumineuse enquête à laquelle se livreraient les députés désignés par la Chambre, la question préalable ou un ordre de jour flétrissant le Coup d'Etat du 16 Mai écarterait la mise en accusation du ministère de Broglie.

Il faut cependant reconnaître que, dans les circonstances actuelles, il était mal aisé de mieux agir.

En réalité, la lutte était engagée entre la Chambre haute qui avait soutenu la politique du maréchal et les représentants de la nation. Avant d'élever le conflit, l'Assemblée devait attendre que le Sénat se prononçât et prit une attitude qui permettrait d'agir avec plus ou moins d'énergie; cette attitude dépendait des résolutions qui seraient prises par un groupe de personnages avec lesquels la France avait à compter. Ce groupe était composé de quinze à vingt sénateurs sans nuances définies, et qui tenaient entre leurs mains les destinées du pays. A leur gré, ils pouvaient, par leurs votes, faire cesser la crise ou lancer dans l'inconnu révolutionnaire les évènements qui allaient se précipiter.

Si l'amour du bien public les avait guidés, ils n'eussent pas hésité à suivre le chemin que le devoir leur avait tracé. La nation s'était prononcée avec trop d'ensemble pour que l'on pût se dissimuler la résistance qu'elle opposerait à toute criminelle tentative ou à une seconde dissolution de la Chambre; mais ce groupe, que l'on appelait constitutionnel, s'était laissé entraîner déjà et avait participé aux votes néfastes du 24 Mai et du 16 Mai.

Les sénateurs constitutionnels n'ignoraient pas qu'ils n'avaient aucune force sur le pays, qu'ils ne seraient jamais soutenus par lui, et ils voulaient habilement louvoyer dans les méandres de l'intrigue, sans se séparer du maréchal, qui seul pouvait leur donner un sérieux appui.

Leur destin était de succomber avec le Président de la République ou de se sauver et de sauver en même temps leur influence, qui leur avait permis de jeter dans tous les ministères, dans les finances, dans la magistrature, dans l'administration, des créatures dévouées. La chute du maréchal devait entraîner la ruine de ces fonctionnaires qui s'agitaient, pour ménager une transaction entre les extrêmes déclarations du 16 Mai et un revirement utile à leurs intérêts.

Ce groupe de sénateurs constitutionnels, qui comprenait la partie libérale des orléanistes, connaissait son impuissance, et, dans les suites d'un coup de force légal ou illégal, il pressentait qu'il ne serait pas soutenu par les bataillons du suffrage universel. Le 14 Octobre, deux courants distincts s'étaient vivement marqués : le courant bonapartiste et le courant républicain.

L'instinct intelligent des masses s'était réveillé ; il n'avait pas voulu de l'orléanisme, qui ne s'appuyait pas sur le nombre. Aussi les constitutionnels avaient-ils tout intérêt à dénouer la situation et non à la violenter.

M. Ferry avait donc eu raison de dire à la tribune que la France ne subirait ni un Coup d'Etat à ciel ouvert ni un Coup d'Etat hypocrite ou détourné, et qu'il n'y avait rien à craindre à cet égard.

Une seconde dissolution n'eût été qu'une nouvelle défaite pour les orléanistes. Quant à un Coup d'Etat, il n'aurait pu être tenté que par le parti impérialiste, et toutes les chances de succès lui étaient contraires.

La Chambre élue le 14 Octobre était populaire à ce moment; il eût été dangereux d'y toucher, et l'opinion publique surexcitée aurait soulevé contre un acte de force des résistances énergiques, avec lesquelles il eût fallu compter.

## VII

Les Assemblées qui ont été jetées à la porte par la violence sont celles qui avaient encouru, par leurs actes, le mépris public, ou par leurs faiblesses intéressées l'indifférence de la nation.

Le 18 Brumaire comme le 2 Décembre s'expliquent d'eux-mêmes.

En 1789, l'Assemblée nationale avait l'ancienne organisation féodale à détruire et une nouvelle organisation à créer. L'essai de cette organisation devait être vainement tenté par l'Assemblée législative, composée d'hommes peu faits pour la lutte. Aussi devait-elle bientôt reconnaître son impuissance contre une royauté, qui n'hésitait pas à s'appuyer sur le secours des armées étrangères pour ressaisir le pouvoir que la Révolution venait de lui arracher.

N'ayant pas une énergie suffisante pour vaincre la monarchie, cette Assemblée laissa à d'autres le soin d'accomplir l'œuvre.

Cette œuvre, la Convention s'en acquitta. La tâche était rude, mais les hommes de cette époque savaient s'élever à la hauteur de leur mandat.

Il est facile de critiquer les actes auxquels furent obligés de condescendre les conventionnels, mais pour les juger sainement, il faut se reporter à l'époque tourmentée pendant laquelle ils assumèrent sur eux la responsabilité de sauver les institutions nouvelles de la nation et l'intégrité du territoire. Pas d'administration, pas de finances, pas d'organisation ou quelques faibles essais. La lutte à soutenir contre les ennemis irréconciliables de l'intérieur et l'Europe entière, armée, coalisée et envahissant la France.

C'est en présence de cette situation désespérée, de ce péril qui aurait dû effrayer les plus hardis que la

Convention proclama la République, lui donna le baptême d'un sang royal, pour séparer à tout jamais la nation de la royauté.

La Convention condensa en elle tous les pouvoirs d'une suprême dictature, entreprit la plus grande des luttes des temps modernes, et l'Europe fut vaincue par la République, qui eut tous les excès de l'energie et tous les triomphes du courage indompté.

Après l'apaisement donné par la victoire, la Convention crut devoir opérer un mouvement d'arrêt et de détente ; mais ses ennemis, qui veillaient, n'attendaient que cette heure pour combattre la Révolution. Toujours héroïque, la Convention anéantit ses ennemis ; mais mutilée elle-même, à force de prodiguer son sang, elle se démit et laissa le pouvoir entre les mains d'hommes qui n'étaient pas capables d'en supporter le poids.

Le Directoire, placé entre le conseil des Cinq Cents et des anciens, faillit aux devoirs que lui imposaient les événements ; son incapacité ou ses intrigues lui attirèrent, sinon le mépris, du moins l'indifférence de la nation. Sa chute suivit les premières défaites des armées républicaines, et si le 18 Brumaire put être tenté avec succès, c'est que ce coup de force fut dirigé contre une Assemblée qui avait perdu, par ses faiblesses, l'estime et la confiance du pays. Aussi, le mouvement opéré par Siéyès et Bonaparte fut-il subi comme devant continuer les annales de la grande Révolution française.

Pour qu'une Assemblée ait la possibilité de résister à un acte de violence, il faut que les lois constitutionnelles lui permettent de saisir la dictature et qu'elle s'appuie constamment sur l'opinion publique ; là est sa force. S'il n'en est ainsi, tout corps délibérant n'est que la représentation de la faiblesse contre laquelle on peut tout oser.

Quelle est l'insurrection populaire qui a jamais soutenu les Assemblées du premier empire, de la Restauration et de la monarchie de Juillet? Ces corps délibérants, qui n'avaient aucune autorité par eux-mêmes, tombaient avec les gouvernements desquels ils relevaient.

Le 18 Brumaire comme le 2 Décembre devaient réussir. La situation politique était encore plus favorable en 1851 qu'en 1799.

La Constitution du 4 novembre 1848 avait été un compromis entre les aspirations de la démocratie et les traditions monarchiques. Après les sanglantes journées de Juin, la réaction n'eut pas de peine à introduire dans les lois constitutionnelles des modifications qui devaient favoriser la restauration de la monarchie, et tout était disposé à cet effet.

La magistrature conservait son inamovibilité. Choisie par le pouvoir exécutif, elle n'était tenue que par lui, et la faute était d'autant plus grossière, que la magistrature était presque absolument composée de fonctionnaires hostiles à la République et surtout à la démocratie.

Le régime bâtard du Concordat était conservé, et la République continuait à subventionner ceux qui la combattaient ouvertement.

L'armée n'avait pas reçu la moindre réforme pour la répartition des faveurs dans un sens plus démocratique et plus équitable.

L'entier pouvoir exécutif était délégué à un président nommé par le suffrage universel et primant ainsi les députés de la nation, qui n'étaient élus que par une fraction de ce suffrage, et, comme si l'on n eût pas accumulé assez de fautes, l'autorité présidentielle s'exerçait sur l'armée et sur tous les fonctionnaires.

Pour réagir contre ces manœuvres, le pays, dans les élections partielles de mars et d'avril 1850, fut favorable aux candidats républicains. Les conservateurs comprirent le danger, et, en prévision du triomphe de la démocratie en 1852, ils n'hésitèrent pas à réviser la Constitution et à rayer d'un trait de plume, avec la loi du 31 mai 1850, trois millions d'électeurs.

Cette Assemblée, qui avait eu à cœur de voter les lois les plus réactionnaires, qui avait mutilé le suffrage universel, qui avait applaudi aux hécatombes des fonctionnaires républicains, qui avait donné sa confiance à des de Broglie, Léon Faucher, Baroche, Dufaure et à tous ceux auxquels le mot de démocratie inspirait la plus profonde répugnance et la plus intime répulsion, ne devait-elle pas être livrée à qui voudrait s'en défaire? Aurait-elle pu demander aux morts de Juin de la défendre? Qu'avait à faire la démocratie dans cette lutte où ses intérêts avaient été primordialement sacrifiés? Et peut-on s'étonner qu'elle soit restée impassible devant l'attentat criminel qui se commettait contre des hommes prêts à sacrifier la République?

C'est là une grande leçon qu'inflige le passé à l'Assemblée élue le 14 Octobre ; elle n'a qu'à chercher dans cet enseignement historique la ligne de conduite qu'elle doit tenir.

Le fera-t-elle?

L'Assemblée nationale, au mois de novembre 1877, n'avait donc, dans la plénitude de sa popularité, à craindre ni un coup de force à ciel ouvert, ni un Coup d'Etat hypocrite ou détourné.

M. Ferry envisageait sainement la situation. La Chambre pouvait tout oser tant qu'elle marcherait avec l'opinion publique ; mais elle allait bientôt se compromettre par les agissements de l'homme politique qui avait été de tout temps funeste à la démocratie républicaine.

## VIII

M. Dufaure, qui avait, en 1849, donné au prince Louis-Napoléon le concours le plus énergique et le plus dévoué, faisait partie de cette fraction libérâtre de la Chambre appelée le centre gauche, et il était de force à faire sombrer de nouveau la démocratie, si la chose était possible.

M. Dufaure ! — ce nom rappelle trop de souvenirs pour ne pas le souligner — c'est sous le ministère Dufaure que le prince Louis-Napoléon avait fait l'expédition de Rome et les élections de l'Assemblée législative de 1849 ; c'est avec lui que les réactionnaires avaient résisté à la manifestation républicaine du 13 juin, qu'ils avaient écrasé le soulèvement de Lyon, mis une partie de la France en état de siége, et traduit trente-huit représentants républicains devant la haute cour de justice. Par lui s'étaient accomplis la restauration de la royauté papale, l'affermissement de l'influence du clergé, le tout aux applaudissements de tout ce qui était l'ennemi de la République et de la démocratie.

Sans parler de l œuvre dissolvante de M. Dufaure, pendant qu'il était ministre de Louis-Philippe, alors qu'il avait divisé l'opposition libérale, ses précédents actes suffisaient pour qu'il fût tenu en haute suspicion par les esprits qui oublient difficilement, en présence surtout de la gravité des circonstances.

Ces circonstances avaient leur péril ; durant les trois jours des débats parlementaires qui avaient abouti à l'adoption de la proposition de M. Grévy, certains des orateurs avaient affecté de séparer le Président de la République de ses ministres et d'invoquer son irresponsabilité.

Bien que les lois constitutionnelles n'admettent que la responsabilité ministérielle, il n'en ressortait pas moins des événements tels qu'ils s'étaient produits, que la personnalité politique du Président avait été sérieusement compromise et atteinte. La question électorale avait été posée de manière à ne tromper personne; les candidats officiels s'étaient présentés sous le patronage de M. le Maréchal, le suffrage universel s'était prononcé contre lui; il ne restait plus pour lui qu'à accepter, avec toutes ses conséquences, la sanction pénale que le pays avait prononcée hautement.

Se démettre, telle paraissait la détermination à prendre par le Président, puisqu'il ne voulait pas aller jusques au bout.

Mais cette démission et le remplacement du maréchal n'entrait nullement dans les combinaisons des fonctionnaires conservateurs; il fallait essayer, dans leur intérêt, de dénouer la situation.

C'est dans ce sens que l'on manœuvra, et l'on suivit le plan et la résolution prise dès le début.

Le ministère du 16 Mai le voulait si bien, qu'il combinait une retraite, sinon honorable, du moins utile à bon nombre de ses alliés, qui vivaient aux dépens du budget de la République. La façon dont il procéda ne manqua pas d'une certaine habileté; c'est sous une forme déguisée et indirecte qu'il demanda au Sénat l'approbation des actes accomplis pendant la période électorale.

De nombreuses démarches avaient abouti à obtenir de la droite une interpellation au vote de l'Assemblée, qui avaient nommé une commission d'enquête pour l'examen des actes gouvernementaux après le 16 Mai.

Cette interpellation fut déposée par M. de Kerdrel, sénateur de la droite; dans la séance du 18 novembre, M. de Kerdrel demanda à interpeller le gouvernement sur les mesures qu'il comptait prendre au sujet de l'enquête ordonnée par la Chambre des députés.

M. Dufaure, qui avait plus d'intérêt à gagner du terrain du côté de la gauche qu'à en perdre du côté des conservateurs dont il faisait constamment le jeu, protesta contre cette interpellation, en la taxant de mesure révolutionnaire; mais le président du Sénat crut devoir fournir des explications qui ne laissaient aucun doute sur l'intention de la majorité du Sénat, qui voulait, sans abandonner absolument le ministère, leur préparer une retraite facile.

M. d'Audiffret-Pasquier déclara qu'il s'était préoccupé de la légalité de l'interpellation, et que M. de Kerdrel lui avait affirmé qu'il ne s'agissait que de demander au gouvernement quelles étaient les mesures qu'il prescrirait à ses agents.

Dans ces limites, l'interpellation pouvait se produire, puisqu'il était admis en principe que l'on ne critiquerait pas les décisions de la Chambre.

« Vous n'êtes pas, avait ajouté le président, le Sénat de l'empire, et vous n'êtes pas juges de l'inconstitutionnalité des actes de l'autre Assemblée.

» Si la Chambre a dépassé ses pouvoirs, ce que je n'admet pas, le gouvernement a un moyen de procéder. Il peut demander la dissolution ; jusque-là, la Chambre n'est à aucun titre justiciable du Sénat. »

Ces explications donnèrent satisfaction aux gauches, et, réduite à ces conditions, cette interpellation correctement parlementaire fut renvoyée à l'une des prochaines séances.

Quelque atténuation qu'avaient apportée les paroles du Président du Sénat dans les conséquences des débats qui allaient s'engager, le conflit n'en était pas moins soulevé, et il était certain que la Chambre allait répondre à cette agression détournée par la résistance prévue — le refus de l'impôt. — De nouveau, le pays pouvait être jeté dans des aventures qui permettraient aux ardents de solliciter un second 16 Mai ou un Coup d'Etat plus illégal encore.

L'illusion n'était pas possible sur les résultats probables de la discussion au Sénat. La fermeté des constitutionnels, leur netteté, leur fidélité à leurs promesses était connue et appréciée à leur juste valeur.

On savait que rien n'avait été épargné, et la nomination de M. Tallon, gendre du sénateur constitutionnel M. Peyramont, au poste d'avocat général à Lyon, disait assez comment voterait le constitutionnel M. Peyramont et comment voteraient ses collègues.

Sur la question préalable demandée par M. Arago, la droite du Sénat se compta. Les bonnes âmes naïves, qui croyaient encore au libéralisme des constitutionnels, avaient eu la bonhomie d'expliquer à tout venant comme quoi ce vote ne signifiait rien ; que c'était sur l'ordre du jour pur et simple que se formerait la majorité antiministérielle.

Après le vote sur l'ordre du jour pur et simple, les naïfs espéraient encore ; c'était sur l'ordre du jour de confiance que les constitutionnels devaient faire leur évolution. Et, de fait, un instant on put croire que l'évolution s'était effectuée.

Pendant que les secrétaires du Sénat pointaient le vote, les figures, à droite, s'allongeaient, pâlissaient, prenaient un air de consternation navrée tout à fait comique. M. d'Harcourt, dans la loge présidentielle, s'agitait désespérément. Puis, en séance, M. d'Audiffret-Pasquier annonça gravement le résultat.

| | | |
|---|---|---|
| Nombre de votants | 280 | |
| Majorité absolue | 141 | |
| Pour l'adoption | | 142 |
| Contre | | 138 |

La constèrnation fut générale à droite ; M. d'Harcourt s'éclipsa soudainement et courut à l'Elysée apporter la nouvelle. Quatre voix de majorité ! Une seule voix de majorité absolue ! Et les ministres avaient voté pour eux-mêmes.

Sur-le-champ, les conséquences apparaissaient ; on bâtissait là-dessus des hypothèses à perte de vue, démission, réunion du Congrès... et le reste.

Lorsque, tout à coup, après la séance levée, un bruit se répandit, fort étrange, mais parfaitement vraisemblable; il y avait eu erreur : le pointage simultanément fait — il avait duré trois bons quarts-d'heure — était inexact. Ce n'était plus 142 voix contre 138, mais 151 contre 129 !

Le Sénat, qui n'était qu'impopulaire, devenait grotesque. Consacrer une heure à faire une fausse addition, c'était complet !

La Chambre ne tarda pas à répondre à l'attaque. Tout d'abord, elle cessa de valider les élections que M. le Maréchal avait pris sous son patronage, et la déclaration de M. de Bethmont lue à l'Assemblée fut, à cet égard, courte, nette et précise ; elle était un acte officiel de blâme infligé à la majorité sénatoriale.

En invitant le gouvernement à déclarer que les fonctionnaires n'avaient pas à répondre aux députés désignés pour procéder à l'enquête des agissements du ministère du 16 Mai, le Sénat avait pris, vis-à-vis de l'Assemblée nationale, une attitude qui ne cadrait ni avec les convenances parlementaires, ni avec l'esprit de la Constitution.

Tout corps électif auquel appartient le droit de valider ou d'invalider les membres qui le composent peut évidemment s'entourer des renseignements propres à motiver sa décision, et si une enquête amenait la connaissance de faits répréhensibles et dont la responsabilité remonterait au ministère lui-même, la Chambre avait le devoir et l'obligation d'user de tous les moyens de répression en son pouvoir, pour sévir contre qui de droit et empêcher le renouvellement de pareils actes.

Ce n'était certainement pas au Sénat, qui ne représentait à aucun degré la volonté nationale, à s'élever contre l'exercice d'un droit si légitime ; il aurait dû s'incliner devant l'expression d'une indignation difficile à maîtriser, il ne sut que créer un conflit sans portée et misérable. Cette mesure était d'autant plus vaine, que la Chambre pouvait brider le Sénat par le refus de l'impôt.

Si les enquêtes, les ordres du jour, les déclarations, les menaces, les votes de méfiance, restaient sans effet, le refus de l'impôt était une mesure autrement sérieuse. Si, vaincu par les élections du 14 Octobre, le gouvernement ne tenait nul compte des premiers moyens, le dernier avait sa gravité.

Le refus de l'impôt était une arme salutaire, et M. Gambetta, nommé président de la commission du budget, n'hésita pas à prononcer, lors de la première réunion de cette commission, quelques mots qui étaient un avertissement et une mise en demeure :

« Je sens très-vivement la reconnaissance que je vous dois pour la nouvelle nomination dont vous venez de m'honorer, mais je sens en même temps qu'aujourd'hui une gravité spéciale s'attache à l'exercice de ces fonctions.

» Cette gravité ne peut être comparable qu'au caractère exceptionnel de la crise que la France traverse. La commission du budget que nous remplaçons avait toujours eu le plus grand soin de se tenir en dehors des préoccupations de la politique.

» Elle se maintenait dans l'étude approfondie des affaires de l'Etat. Sa carrière a été malheureureusement trop courte, et, en m'exprimant ainsi, je ne fais que ratifier le jugement porté par le pays.

» Elle a fait preuve de prudence, de modération et de sagesse dans l'étude des abus que peut renfermer le mécanisme si complexe du budget. Jamais elle n'a donné raison aux craintes chimériques que l'on a baptisées du nom de péril social.

» Elle est toujours restée à la hauteur de sa tâche, et si elle n'a pas poussé plus avant ses études, c'est à la politique qu'il faut en faire remonter la responsabilité.

» Lorsque la commission s'est séparée en mai 1877, les travaux avaient été énergiquement poussés. Tous les rapports étaient déposés.

» D'accord avec le Cabinet, qui avait notre concours, avec le ministre des finances, qui s'était mis en mesure, nous pouvions ouvrir devant la Chambre la discussion du budget ; nous pouvions proposer le dégrèvement de l'impôt sur la petite vitesse, la suppression de la surtaxe sur les savons.

» Nous avions déjà fait agréer un rapport sur la réforme postale, nous avions augmenté sérieusement la solde des officiers de notre armée, et posé le principe d'une unification vers laquelle nous ne cesserons de tendre. Nous avons essayé d'augmenter le contingent nécessaire pour assurer aux soldats, dans la caserne et à l'hospice, des conditions plus salutaires.

» Une politique néfaste nous a interrompus au détriment des intérêts du pays, et je puis dire de la civilisation elle-même. C'est un désordre qui a été causé dans la marche générale des affaires. Aujourd'hui que nous sommes de retour, nous pouvons faire justice des calomnies qui ont été dirigées contre nous.

» Armés de l'arrêt de la souveraineté nationale que nous avons à faire prévaloir, nous nous maintiendrons dans la plus stricte légalité, et nous nous efforcerons d'y maintenir tous ceux qui voudraient s'en écarter.

» Dans l'examen du nouveau budget, nous aurons à tenir compte des deux considérations suivantes, et d'abord il n'a pas été tenu compte des travaux et des décisions antérieures de l'ancienne commission.

» Nous aurons à faire ressortir la puérilité de nouvelles propositions qui nous sont présentées, en même temps que l'incapacité des hommes qui ont saisi le pouvoir au 16 Mai.

» En second lieu, nous aurons à examiner la série de crédits supplémentaires et extraordinaires qui ont été ouverts en l'absence des Chambres.

» Il y aura un examen détaillé à faire de ces mesures, que tant de bons esprits, dans la presse, ont considérées comme absolument illégales.

» En résumé, le budget est prêt ; les services publics sont assurés, les travaux sont en état ; la France sait ce qu'elle doit faire, et elle le fera. Reste à savoir ce que le gouvernement doit au pays ».

« Reste à savoir ce que le gouvernement doit au pays, avait dit Gambetta. »

Quant à l'Assemblée, certaine de l'opinion publique, elle attendait dans la plénitude du calme et de sa popularité. Cette attente ne fut pas de longue durée.

## IX

M. le Maréchal, ou plutôt ses conseillers intimes, firent ce que les circonstances leur imposaient, puisque le *jusques au bout* était provisoirement abandonné ; il fut procédé à la confection d'un ministère sans noms connus. C'était, en termes très-clairs, l'attermoiement de la solution.

Un général, M. de la Rochebouët, fut chargé de la présidence du conseil. Figuraient ensuite aux affaires étrangères M. de Banneville ; à l'intérieur, M. Welche; à la justice, M. Lepelletier ; au commerce, M. Ozenne; aux travaux publics, M. Graëff; à l'instruction publique, M. Faye ; à la marine, M. Roussin.

C'était un Cabinet de personnalités les plus absolument ignorées que la France ait possédé.

La Chambre n'avait pas à discuter avec un ministère extra-parlementaire et non viable.

Que pouvait-il signifier ?

Dans le premier semestre de l'année 1852, l'*Officiel* publiait un décret qui nommait M. de la Rochebouët officier de la Légion d'honneur. M. de la Rochebouët était commandant d'artillerie dans la division active de l'armée de Paris, et il avait commandé, en 1851, l'artillerie qui avait bombardé la maison Sallandrouse et mitraillé, sur le boulevard Montmartre, femmes et enfants.

Si on devait en juger par les antécédents du président du conseil des ministres, le gouvernement paraissait vouloir dire au pays qu'au besoin il saurait employer la force ; mais, avant d'en arriver à de pareilles extrémités, il déclara qu'il désirait l'apaisement et la conciliation.

Pour procéder à cette comédie ridicule, le Cabinet se partagea en deux détachements, l'un opérant au Sénat et l'autre à l'Assemblée nationale.

MM. Welche, Lepelletier, Faye et Ozenne s'étaient chargés de cette dernière corvée, qui n'était pas précisément commode.

Ces ministres obtinrent tout d'abord un succès de curiosité auquel ils devaient s'attendre. Inconnus, ils devaient exciter l'attraction de personnalités qui, de comparses, s'élèvent subitement aux premiers rôles.

La déclaration gouvernementale essayait d'être émolliente. M. Welche lut à la tribune, d'une voix troublée et avec un embarras visible, les propositions de paix offertes par M. le Président de la République :

« Messieurs, à la suite des débats qui viennent d'avoir lieu dans les deux Chambres, M. le Président de la République a cru devoir confier la direction des affaires du pays à des hommes étrangers aux derniers conflits, indépendants vis-à-vis de tous les partis, à des hommes qui doivent et qui veulent, pendant la durée de leur mandat, rester en dehors des luttes politiques.

» C'est dans ces conditions, Messieurs, que nous nous présentons devant vous pour prêter au maréchal de Mac-Mahon le concours qu'il nous a fait l'honneur de nous demander.

» La France a un besoin extrême de calme et de repos. Après une longue période d'ardente agitation, à une époque de l'année où il importe, au plus haut degré, de faciliter les transactions commerciales, à la veille de cette grande Exposition universelle qui touche à tant d'intérêts et qui engage l'honneur même de notre industrie nationale, il faut, avant tout, se consacrer à la bonne gestion des affaires.

» Ce sera le plus impérieux de nos devoirs, parce

que c'est le plus pressant besoin du pays et en même temps le moyen le plus efficace pour rétablir entre les pouvoirs publics les bons rapports nécessaires au bien de l'Etat.

» Nous n'avons pas d'autre mission.

» Observateurs fidèles des lois de notre pays, et résolus à ne permettre aucune atteinte à ses institutions, nous respecterons religieusement et nous ferons respecter la Constitution républicaine qui nous régit ; elle passera intacte de nos mains dans celles de nos successeurs le jour où le Président de la République jugera les dissentiments actuels suffisamment apaisés pour prendre un ministère dans le Parlement.

» Jusque-là, nous remplirons notre tâche avec dévouement, avec fermeté et avec prudence, sans autre préoccupation que d'assurer à la France l'ordre et la paix.

» M. le Président de la République vous demande, Messieurs, de nous aider dans cette œuvre d'apaisement et d'intérêt public ; il compte, pour cela, sur votre patriotisme. »

La réponse ne se fit pas attendre ; M. de Marcère coupa court à cette plaisanterie, qui n'était bonne qu'à la condition de ne pas se prolonger, et il demanda à interpeller le gouvernement sur la formation du ministère.

Accédant aux désirs de M. Welche, qui avait demandé que l'on précisât, M. de Marcère donna à son interpellation plus de netteté que n'en aurait voulu le nouveau et défunt ministre. Avec une fermeté de langage et une autorité de parole qui fit impression, il mit en lumière la lutte engagée depuis sept années contre la volonté nationale par les coalisés de toutes les monarchies et du despotisme, unis sous la bannière du gouvernement personnel ; il définit, avec les faits, ce que valait le dernier ministère de la résistance, et, s'attaquant à ce Cabinet d'inconnus qui osait se présenter devant la Chambre, il prononça sa condamnation en lui disant qu'il n'était pas une solution, que le pays en voulait une, et que les nouveaux ministres ne savaient pas eux-mêmes ce qu'il y avait derrière eux.

M. Welche avait supposé qu'il serait interpellé sur l'attitude que prendrait le gouvernement en présence de l'enquête parlementaire, et il avait naïvement cru que la Chambre se contenterait de l'autorisation donnée aux fonctionnaires de répondre aux questions qui leur seraient posées. A cet égard, il était prêt à faire provisoirement toutes les concessions que l'on eût désirées; mais il ne s'attendait pas à une agression directe. Surpris, il eut cependant l'habileté de placer le discours qu'il avait préparé. Dans ce discours, il développa les intentions conciliantes du ministère qui ne demandait qu'à essayer de vivre.

Tout cela revenait à dire que l'on voulait gagner du temps, que l'on essayerait de gouverner avec le Sénat, qu'au besoin on se passerait du vote du budget, et que l'on attendrait l'occasion favorable de dissoudre la Chambre, après que l'on aurait démontré au pays que toute conciliation était impossible avec l'Assemblée.

M. Floquet déchira le voile :

« Vous êtes, dit-il en s'adressant aux ministres, l'obstacle jeté par le gouvernement personnel au-devant de la volonté nationale ; vous êtes le rideau derrière lequel se prépare le dernier effort de la résistance ; vous voulez gagner du temps, obtenir le budget, et alors le voile se déchirerait, et derrière vous apparaîtrait le ministère de la dissolution et du combat à outrance. »

Il ne manquait plus au Cabinet que d'être défendu par le sceptique M. Baragnon ; il le fut. Son argumentation consista à établir que la responsabilité de la crise commerciale incombait au parti républicain et à la Chambre.

M. Germain fit justice de cette odieuse accusation. Avec toute l'élévation de ses sentiments honnêtes, il flétrit la conduite du ministère du 16 Mai, et, définissant la situation gouvernementale, il ajouta : « Vous êtes les ministres du budget de la France, vous êtes les ministres des traitements des préfets, vous êtes les ministres des affaires du 16 Mai ; nous, nous faisons les affaires de la nation. »

L'ordre du jour qui repoussait le ministère Welche fut voté par 308 voix contre 208. C'était la réponse ferme et résolue de la Chambre aux attaques du Sénat.

Le ministère n'avait paru à la Chambre que pour être renversé.

## X

En prenant la défense du ministère, M. Baragnon avait voulu rejeter sur les républicains la crise commerciale qui pesait sur la France. Cette crise existait en effet, et s'appesantissait avec une gravité et une intensité que l'on ne pouvait nier.

Lors des élections, l'opposition s'était servie de ce moyen ; elle affirmait que le malaise était principalement dû à l'état d'incertitude, de crainte et d'insécurité où se trouvait le pays depuis plusieurs mois.

Le commerce parisien surtout souffrait de cette crise, et, mieux placé pour faire entendre ses doléances, il protesta contre les résistances du pouvoir exécutif à s'incliner devant la majorité. De nombreuses suppliques furent envoyées au chef de l'Etat : on lui disait de se préoccuper de l'intérêt général, de la dignité du pays, de ne pas sacrifier à des sentiments de préférence pour certaines idées les satisfactions légitimement revendiquées.

Prolonger plus longtemps le conflit était, ajoutait-on, faire œuvre de mauvais citoyen et faillir à des devoirs imposés par des vœux si énergiquement exprimés. Le calme et la sécurité de l'avenir devaient hâter la cessation de la crise, et permettre au progrès et à la civilisation de poursuivre la route qui lui était tracée par les événements.

A la veille du grand concours international de 1878. la France avait besoin d'assurer son entière confiance dans l'avenir, et d'offrir à ses hôtes une hospitalité digne et à l'abri de toute appréhension. Appel était fait au patriotisme du premier magistrat de la République.

Il y avait évidemment là des plaintes qui avaient leur raison d'être ; mais ces plaintes n'étaient pas fondées d'une manière absolue. La crise industrielle et commerciale avait des causes autrement sérieuses que les causes politiques. Mais, comme il advient toujours en pareille occurence, les partis n'usaient pas d'une bonne foi complète ; ils se servaient des moyens que les circonstances mettaient à leur disposition, sans se préoccuper de leur exactitude ou de leur valeur.

Le malaise tenait surtout à la crise industrielle et commerciale qui pesait sur l'Europe entière. Tout le monde le savait et nul ne voulait l'avouer.

On comprend qu'au milieu de ces tiraillements divers, M. le Maréchal devait, avec les meilleures intentions du monde, se trouver singulièrement embarrassé. Après la nomination du ministère Welche, il fut ballotté entre une série de combinaisons opposées qui présentaient ou péril ou répulsion.

Tenter un Coup d'Etat légal était possible, le réussir était incertain.

Essayer un coup de force était plus dangereux encore ; de pareils attentats ont besoin d'être greffés sur quelque gloire militaire : le 18 Brumaire était sorti des gloires de Rivoli et d'Arcole ; le 2 Décembre avait choisi son jour : l'anniversaire de la bataille d'Austerlitz. Si le second empire avait triomphé à Reischoffen, un nouveau Coup d'Etat eût été entrepris cette fois par la camarilla impérialiste contre les ministres qui représentaient l'opinion publique, et dans le but d'arrêter le courant des réformes libérales par des actes de despotisme et de brutalités illégales.

Mais en 1877, après nos défaites, se lancer dans de pareilles aventures, était insensé, et M. de Broglie lui-même en saisissait si bien l'impossibilité, qu'il faisait démentir les propos que lui avait, à ce sujet, prêtés le journal *le XIX<sup>e</sup> Siècle*.

D'ailleurs, les constitutionnels n'étaient pas de taille à exécuter une pareille opération : ils sentaient qu'ils n'étaient pas soutenus par les masses. Les dernières élections le leur avaient prouvé d'une façon si éclatante, qu'ils ne pouvaient s'y méprendre. Seuls les bonapartistes, s'appuyant sur l'armée, auraient pu oser ; mais ils n'auraient eu garde d'engager un combat qui pouvait les livrer aux orléanistes. Ces alliés d'un jour n'attendaient qu'une occasion favorable pour se débarrasser, avec des ménagements calculés, mais persistants, d'ennemis au fond irréconciliables.

Il ne restait donc qu'à essayer de la dissolution de la Chambre, après le refus de l'impôt, ou d'un ministère centre gauche.

En réalité, le désir du maréchal était de provoquer une nouvelle dissolution, et, afin de l'obtenir, il fallait manœuvrer de manière à rendre impossible un ministère centre gauche.

C'est ce plan de stratégie politique que l'on arrêta.

## XI

Dès les premiers jours du mois de décembre, le bruit courut que M. Dufaure avait été mandé à l'Elysée. Les amis de M. Dufaure, loin de démentir ce bruit, laissaient à comprendre que le Président cherchait à se rapprocher du centre gauche.

M. Dufaure avait eu, en effet, une entrevue avec M. le Maréchal; mais, en sortant, il n'avait pas caché qu'il n'avait pas pu exactement démêler ce que voulait le Président de la République.

Les négociations ultérieures, ajoutaient certains journaux, portaient sur certaines réserves du maréchal, qui voulait disposer de deux ministères — les affaires étrangères et la guerre — et sur l'épuration que devait subir le personnel des fonctionnaires.

La capitulation n'était pas commode, il est vrai. Se soumettre, après avoir juré que l'on ne se soumettrait pas; livrer soldats, chefs, toute une armée d'agents compromis, et cela à merci, était dur pour M. de Mac-Mahon.

D'un autre côté, quelles seraient les garanties accordées aux vainqueurs du 14 Octobre? Un manifeste? Mais cette façon d'engagement, de billet à la Châtre ne présentait guère de sécurité suffisante.

Ces appréciations, qui se manifestaient hautement, soulevaient des craintes peu faciles à calmer. Colère et défiance étaient les deux mots de la situation.

Pour tous, le désappointement était grand; que devenait ce caractère — tout d'une pièce — de cet homme qui n'avait jamais failli à sa parole, et qui, plutôt que de se démettre, se soumettait ? Quelle confiance pouvait-on avoir en lui et en ses nouvelles promesses ? A tort ou à raison, il fallait soupçonner une arrière-pensée. Aussi, dans tous les partis, on se préparait à la lutte avec des sentiments divers. Les républicains étaient énergiques, et, pleins de confiance, les conservateurs, qui étaient débordés par les difficultés et attiédis par l'insuccès, étaient indécis et irrésolus.

M. Dufaure ne s'était pas mépris sur cette situation; il était persuadé que le maréchal finirait pâr céder, et, discernant le piége où l'on voulait l'attirer, il avait, pour déjouer toutes manœuvres, posé les bases écrites de ses négociations.

Quant au comité des Dix-Huit qui avait préparé les élections du 14 Octobre, il s'était tenu à l'écart, comprenant que l'on était disposé à rejeter sur lui la responsabilité de la rupture à laquelle l'Élysée était décidé à l'avance. Ce comité avait refusé de prendre aucune part aux pourparlers entamés entre le maréchal et M. Dufaure. Vainement, les personnages qui devaient entrer dans la combinaison ministérielle demandaient un entretien pour s'expliquer sur les négociations ; il leur avait été répondu : « Quand vous aurez réglé avec M. de Mac-Mahon, nous vous écouterons, pas avant. »

La dissimulation était percée à jour. Le ministère de Broglie, qui vivait de la vie du ministère Welche, voulait démontrer l'irréconciabilité des gauches, leurs exigences, légitimer ainsi une seconde dissolution et livrer une dernière bataille.

C'était dans ce but que l'agence Havas communiqua aux journaux une note, qui fut affichée dans les couloirs du Sénat ; elle était ainsi conçue ;

« M. le Président de la République avait chargé M. Dufaure de composer un nouveau Cabinet. Les conditions indiquées par l'honorable sénateur avaient été acceptées par le maréchal, qui avait demandé, de son côté, comme unique condition, le maintien des ministres de la guerre, de la marine et des affaires étrangères.

» Aucune difficulté ne semblait devoir s'élever sur ce point, car, sous tous les ministères précédents, il avait été admis que ces départements ministériels seraient, dans l'intérêt du pays et de l'armée, placés en dehors des partis.

» Au dernier moment, ces trois portefeuilles ont été réclamés par le ministère projeté.

» M. le Maréchal n'a pu souscrire à une modification qui lui paraît contraire à la bonne organisation de nos forces militaires et à l'esprit de suite dans nos relations diplomatiques.

» Les pourparlers ont été rompus, et M. Dufaure a été relevé de la mission qu'il avait acceptée.

» M. Batbie, sénateur, a été appelé à l'Elysée et chargé de la composition d'un nouveau ministère. »

A cette note, la gauche répondit par la déclaration suivante :

« Les délégués de la majorité républicaine de la Chambre des députés déclarent qu'ils n'ont eu aucun entretien ni aucune relation directe ou indirecte avec l'honorable M. Dufaure, à l'occasion de la mission qui lui avait été confiée par M. le Président de la République de composer un Cabinet parlementaire. »

Cette déclaration était signée par MM. Lepère, Tirard, Lockroy, Ferry, Gambetta, Louis Blanc, Antonin, Proust, Floquet, Clémenceau Madier de Montjau, Bethmont, Léon Renault, Brisson, Horace de Choiseul, de Marcère, Albert Grévy, Germain, Goblet.

## XII

Les journaux républicains publièrent alors l'historique des négociations; cet exposé démontrait que l'Elysée n'avait pas l'intention de traiter loyalement la transaction qu'il offrait.

Voici, en réalité, ce qui s'était passé : M. Dufaure, après avoir reçu des pleins pouvoirs pour conduire les négociations, avait réuni les personnages qui lui paraissaient devoir faire nécessairement partie du nouveau Cabinet : c'étaient MM. Léon Say, Waddington, Teisserenc de Bort et de Fraycinet. Ces quatre sénateurs arrêtèrent, pour la soumettre le lendemain à l'approbation du maréchal, la liste ministérielle suivante :

Président du conseil et justice, M. Dufaure.
Intérieur, M. de Marcère.
Marine, M. l'amiral Pothuau.
Guerre, le général Gresley.
Affaires étrangères, M. de Saint-Vallier.
Instruction publique, M. Wadington.
Travaux publics, M. de Freycinet.
Agriculture et commerce, M. Teisserenc de Bort.
Finances, M. Léon Say.

Il fut question aussi, pour donner à la Chambre une représentation plus étendue dans ce Cabinet où dominaient les membres du Sénat, de détacher les cultes pour en faire un ministère spécial qui aurait été confié à M. Bardoux. En outre, on aurait nommé trois députés à des postes de sous-secrétaires d'État : M. Faye ou M. Lepère à l'intérieur, M. Jozon à la justice, M. Bethmont à la marine. Toutefois, on ne devait soumettre tout d'abord au maréchal que la liste ministérielle précitée, la question des sous-secrétaires devant être réglée ultérieurement. M. Dufaure se rendit donc à l'Élysée et communiqua au maréchal la liste des futurs ministres.

Le maréchal l'avait examinée et s'était fait donner quelques détails de biographie personnelle sur les membres qui y figuraient, sans faire d'objections proprement dites sur les noms. Mais il éleva une objection très-nette au sujet du mode de nomination des ministres de la guerre, de la marine et des affaires étrangères.

Sans discuter les noms des titulaires proposés par M. Dufaure, il déclara qu'en principe il voulait mettre ces trois postes en dehors des vicissitudes de la vie parlementaire et des fluctuations de la politique, et qu'il entendait se réserver le choix exclusif des personnes auxquelles seraient confiés ces trois ministères.

On ajoutait qu'il désirait maintenir à leur poste MM. le général de Rochebouët, l'amiral Roussin et le marquis de Banneville.

Cependant, aucun indice, dans l'entrevue qu'avait eue la veille M. Dufaure avec le maréchal, ne permettait de supposer qu'on verrait le lendemain se produire cette prétention injustifiable et inadmissible. M. Dufaure eut beau s'élever contre cette prétention, il se heurta à l'inflexible résistance du maréchal.

M. Dufaure déclara nettement au maréchal que cette prétention, subitement manifestée, allait amener une complication nouvelle dans la crise et peut-être en retarder le dénouement, cependant si désiré. Il se retira en se réservant d'en référer à ses collègues. Il réunit, en effet, MM. Léon Say, Waddington, Teisserenc de Bort et de Freycinet, et les mit au courant de la situation ; puis, tous les cinq se rendirent à Versailles pour informer les représentants de la majorité républicaine de ce qui venait de se passer. Ces cinq membres se rendirent dans un bureau du Sénat pour conférer, pendant qu'un intermédiaire allait mettre au courant de la situation les délégués des gauches de la Chambre.

C'est à ce moment que se répandit, dans les couloirs, le bruit d'une rupture complète des négociations. A vrai dire, il n'y avait pas rupture, mais arrêt complet; cependant l'exigence du maréchal semblait si peu fondée, que l'on considérait l'échec des négociations comme un fait accompli.

Ainsi qu'on n'en pouvait douter, les délégués des gauches pensèrent, comme M. Dufaure et ses collègues, qu'il fallait opposer une résistance absolue à la prétention du maréchal.

Informés du sentiment qui régnait dans la majorité républicaine et que, d'ailleurs, ils partageaient complètement, MM. Dufaure, Léon Say, Teisserenc de Bort et de Freycinet s'accordèrent pour reconnaître que l'on ne pouvait pas, à l'heure où on luttait pour maintenir l'intégrité des droits du Parlement, autoriser en quelque sorte la formation d'un cabinet en partie double, dont une fraction serait la représentation de la majorité parlementaire, et dont l'autre fraction serait l'expression pure et simple du pouvoir personnel.

MM. Dufaure, Say, Waddington, Teisserenc de Bort et de Freycinet, s'appuyant sur l article 6 de la Constitution qui dit que les ministres sont solidairement responsables devant les Chambres de la politique générale du gouvernement, et, individuellement, de leurs actes personnels, résolurent de déclarer au maréchal qu'ils n'accepteraient de faire partie que d'un Cabinet homogène, dont tous les membres seraient également responsables devant les Chambres.

Car on ne saurait admettre qu'en cas d'un vote de défiance du Parlement, il y eût une partie du Cabinet frappée par ce vote et mise dans la nécessité de se retirer, tandis que l'autre, échappant au contrôle parlementaire, se perpétuât aux affaires.

M. Dufaure fut chargé de porter cette réponse décisive au maréchal.

C'est cette démarche qui avait provoqué la communication de la note de l'agence Havas et la réponse du comité des Dix-Huit à cette note.

## XIII

D'un autre côté, *l'Union*, journal légitimiste, publiait une espèce de Manifeste qui avait son importance :

« Après un ministère de soumission, disait ce Manifeste, on nous parle aujourd'hui d'un ministère de dissolution. Que signifient ces brusques revirements qui trahissent l'incohérence de la pensée, l'absence de toute réflexion et de toute volonté ?

» Nous ne croyons pas au succès de cette nouvelle tentative. Ce n'est pas un réveil, cela peut être une agonie.

» M. le maréchal de Mac-Mahon a pu arracher aux sénateurs royalistes, en dépit de nos avertissements, la dissolution qui a suivi le 16 Mai et livré le pays à une ridicule et folle entreprise. Une seconde dissolution opérée avec la même imprévoyance, au profit des mêmes hommes qui sont encore dans les coulisses de l'Elysée, ne serait plus une faute, elle marquerait l'étape fatale où la démence politique mène au suicide.

» Les royalistes du Sénat n'ont pas su résister une première fois au maréchal. L'expérience est faite, et leur devoir impérieux envers la France est de ne rien céder à la politique des faux calculs, des pensées ondoyantes et des intrigues malsaines.

» Les commis de la présidence nous demanderont peut-être encore une lettre de crédit. Nous ne voulons pas exposer *leur honneur à une nouvelle banqueroute*, car il leur coûterait peu de perdre ce qui est compromis, et il coûterait beaucoup à la France de *payer ce qu'ils n'ont plus à perdre.* »

Pour compliquer la situation, l'agence Havas livrait à la presse une communication au moins étrange :

« Quelques journaux ont dit que M. Dufaure avait demandé au maréchal de s'engager, par un Message, à ne pas user de son droit de proposer au Sénat la dissolution de la Chambre.

» M Dufaure n'a rien demandé de semblable, et le maréchal n'a pas eu, conséquemment, à le refuser.

» D'après un journal du soir, M. Dufaure, en se séparant hier soir du maréchal, aurait dit : « Vous me permettrez de m'étonner, Monsieur le Maréchal, qu'on ait fait jouer un pareil rôle à un homme de mon âge et de ma situation. »

» Ce récit est entièrement controuvé. »

Enfin, il n'y eût pas jusques à l'organe des constitutionnels, *le Soir*, qui ne donna à son tour la note discordante au milieu de ces tiraillements divers.

Ce journal disait :

« Le groupe des sénateurs constitutionnels s'est réuni chez M. de Bondy, rue Montalivet.

» Une trentaine de sénateurs environ étaient présents, entre autres : MM le duc d'Audiffret-Pasquier, Batbie, Bocher, Lambert Sainte-Croix, Delsol, de Mérode, etc.

» La séance a été très-longue et très-animée, et ne s'est terminée qu'après de six heures et demie. »

» M. Batbie a parlé longuement et à fréquentes reprises, expliquant de nouveau les incidents de ces derniers jours, les négociations engagées, puis rompues, insistant sur la loyauté et la bonne volonté dont le maréchal a fait preuve ; enfin, faisant appel au dévouement de ses collègues et leur demandant leur concours pour l'accomplissement de la mission qui lui a été confiée et pour la défense de la politique conservatrice.

» C'est en effet dans ces généralités qu'a paru vouloir se maintenir tout d'abord l'honorable sénateur du Gers, qui, sous des apparences de bonhomie, cache beaucoup de finesse et d'esprit diplomatique.

» Mais plusieurs sénateurs, entre autres MM. Bocher et Lambert Sainte-Croix, ont abordé avec beaucoup de franchise et de netteté les graves questions que soulève l'attitude prise par le maréchal.

» M. Bocher, avec une grande chaleur de conviction et une véritable éloquence, a résumé la situation et montré les effroyables périls auxquels conduirait la politique de résistance. Il a d'abord prétexté avec une vive indignation contre les attaques et les calomnies dont ses amis et lui sont l'objet, lorsqu'on met en suspicion leur dévouement à la personne du maréchal, lorsqu'on les accuse de toutes sortes d'intrigues et de visées ambitieuses. Il a rappelé qu'en toutes circonstances, et depuis que le maréchal est au pouvoir, les orléanistes l'avaient soutenu, que jamais leur concours ne lui avait fait défaut.

» Mais aujourd'hui, a-t-il dit, quelles conséquences aurait le concours qu'on sollicite ? Que veut-on de nous ? Qu'elle solution poursuit-on ? Espère-t-on venir à bout des résistances de la Chambre des députés ? Non, sans doute. Alors c'est à un vote de dissolution qu'on veut nous acculer, à une violation de la Constitution, puisqu'il faudrait passer outre au refus du vote du budget

» On trompe le Président de la République, s'est écrié l'honorable sénateur, si on ne lui a pas fait envisager les conséquences désastreuses qu'entraîneraient de semblables mesures. Quant à moi, je le dis hautement, j'aime trop mon pays pour m'associer à cette politique et assumer d'aussi effrayantes responsabilités

» Le langage de M. Bocher, empreint d'une patriotique émotion, a été très-applaudi et a produit une vive sensation.

» M. Batbie est revenu à la charge, insinuant, doucereux, mais sans préciser davantage le but qu'il poursuit, le programme du ministère qu'il voudrait constituer. Ce qu'il y a de plus intéressant dans ses observations, c'est la partie relative aux impressions actuelles du maréchal de Mac-Mahon.

» D'après M. Batbie, le maréchal considère que la loi du 20 novembre lui a donné non-seulement des droits, mais des devoirs, que le parti conservateur l'a placé en quelque sorte comme une sentinelle contre le radicalisme et la révolution, et qu'il ne peut se relever lui-même.

» Dans cette situation, il pense qu'il ne peut se retirer qu'après avoir consulté la nation de nouveau, ou bien après un vote du Sénat, qui, en lui refusant son concours, dégagerait sa responsabilité.

»L'orateur a rappelé qu'en effet le maréchal avait pris en face du pays l'engagement de rester à son poste, quoi qu'il arrive. Entre parenthèses, il a blâmé ceux qui avaient fait prendre un tel engagement au chef de l'Etat, reconnaissant qu'il aurait mieux valu que le maréchal déclarât qu'il se retirerait si le pays lui donnait tort.

» Arrivant à la question de dissolution, M. Batbie a déclaré, sans grande conviction d'ailleurs, qu'il considérait cette mesure comme très-périlleuse et n'en était pas le partisan. Mais il n'a pas répondu aux questions si précises de M. Bocher et n'a point fait connaître ses intentions.

» M. Lambert Sainte-Croix a parlé dans le même sens que M. Bocher et a présenté, sous une forme vive et énergique, les observations les plus patriotiques et les plus sensées. Il a fait allusion, lui aussi, aux calomnies propagées contre son parti, à cette tactique misérable, qui consiste à représenter les princes d'Orléans comme se mêlant aux intrigues politiques, alors qu'ils se tiennent absolument à l'écart. Puis, envisageant la situation, il a dit que le maréchal devait choisir entre ces deux partis ou bien rester au pouvoir, mais alors gouverner parlementairement comme on gouverne dans tous les Etats d'Europe, ou bien se démettre et rentrer dignement dans la vie privée.

» Mais vouloir, a-t-il dit, après toutes les preuves de dévouement que nous avons données au maréchal, nous mettre dans la douloureuse nécessité soit de prononcer nous-mêmes sa condamnation, soit d'assumer la terrible responsabilité d'une nouvelle dissolution, d'une violation de la Constitution et des catastrophes qui peuvent en être la suite, voilà ce qui n'est pas admissible ! Nous ne saurions protester assez énergiquement contre de semblables desseins.

» La délibération a continué, plusieurs sénateurs ont présenté des observations. On s'est demandé s'il fallait vraiment renoncer à tout espoir de conciliation, et un membre a fait la proposition de s'adresser à

M. Dufaure, de faire appel à son dévouement au pays et de l'inviter à demander au maréchal une nouvelle entrevue pour renouer des négociations.

» Cette idée a paru être favorablement accueillie par la majorité de la réunion et même par M. Batbie, qui a fait un éloge très-chaud de M. Dufaure, de son désintéressement et de son patriotisme.

» En résumé, la fraction des constitutionnels semble résolûment opposée à la résistance et à la dissolution, et nous ne serions pas surpris qu'en présence de ces dispositions M. Batbie renonçât à sa mission et priât M. Dufaure de prendre sa place. »

## XIV

Un ministère Batbie eût été, en effet, une entreprise difficile. Il était aisé de pousser à la révolte légale, d'entraîner le Sénat ; mais il était aussi certain que l'insuccès était au bout, et peu d'hommes politiques eussent voulu assumer de si graves responsabilités. Quant aux bonapartistes, ils étaient, disaient-ils, prêts à tout tenter : Coup d'Etat, perception frauduleuse de l'impôt, violation des lois, état de siége, rien ne les arrêtait. Ils ne demandaient qu'à placer à la tête du ministère le général Ducrot, qu'à faire prononcer la dissolution préalable de la Chambre et aller de l'avant.

Comme tous les hommes qui ne savent nettement s'arrêter à une résolution, le maréchal n'osait envisager les conséquences d'une détermination. Au milieu d'un entourage barriolé, sa nature honnête le rejetait en dehors de toute violence illégale ; mais ses intimes préférences, d'un autre côté, l'éloignaient des républicains, et, suivant ses inspirations, il voulait, autant qu'il pouvait vouloir, essayer avec un ministère centre droit d'une nouvelle dissolution, sans se préoccuper des résistances qu'amènerait une pareille tentative.

Les constitutionnels commençaient à s'effrayer d'une résolution qui allait les lancer dans l'inconnu.

M. d'Audiffret-Pasquier fut prié de faire une démarche auprès du maréchal en vue de la reprise des négociations ministérielles avec M. Dufaure.

Lorsque M. d'Audiffret-Pasquier se présenta à l'Elysée, il lui fut répondu que le maréchal était en conférence avec M. Batbie ; le lendemain, M. de Mac-Mahon se décida à le recevoir ; mais il le reçut debout et lui dit :

« Il est inutile, monsieur le président du Sénat, d'ajouter un mot de plus sur ce sujet : mon parti est pris, le ministère est fait ; je ne veux ni transaction ni conciliation ; j'irai jusques au bout. »

Le duc Pasquier, très-ému, répondit :

« Monsieur le Maréchal, je déplore profondément les paroles que vous venez de prononcer ; j'avais été envoyé au nom de mes amis, au nom du Sénat, pourrais-je dire, pour vous faire entendre une dernière adjuration, afin d'épargner au pays les dernières extrémités dont il est menacé.

» Je sors désespéré de voir que cette adjuration n'est pas entendue, et je frémis des terribles responsabilités que vous assumez sur vous-même. »

La conversation continuant, M. le duc d'Audiffret-Pasquier ajouta :

«... — En ma qualité de président du Sénat, je ne puis accepter de proposer à la délibération de l'Assemblée une mesure *inconstitutionnelle.*

— Pardon, une demande « d'avis conforme » pour une deuxième dissolution n'est pas *littéralement inconstitutionnelle.*

— Non ; mais les circonstances, à défaut de textes, la rendent telle.

— Comment cela ?

— Proposer au Sénat d'accorder une nouvelle dissolution, c'est lui demander de prendre l'*initiative du refus du budget.*

— Est-ce parce que les élections nouvelles ne pourront avoir lieu en temps opportun ?

— Absolument, et la demande de dissolution devient une « proposition déguisée de *Coup d'Etat* ».

— Cependant, si la Chambre refuse le budget ?

— Rien ne me dit, reprit le président du Sénat, qu'elle ne peut pas l'accorder d'ici au 25 ou au 30 décembre, tandis que la dissolution emporte la non-votation du budget *ipso facto.* La légalité est donc du côté de la Chambre.

— Mais si vous refusez la discussion et la mise aux voix de la demande d' « AVIS CONFORME » du gouvernement, une « proposition de blâme » sera formulée « contre vous » par les droites du Sénat.

— J'accepterai cette proposition, et je la mettrai aux voix.

— Et si elle obtient la majorité ?

— Je verrai si je dois me retirer ou rester jusqu'à l'expiration de mon mandat ».

M. Voisin, préfet de police, ne recut pas un meilleur accueil du Président de la République.

Ce n'est qu'après deux heures d'antichambre que M. Voisin fut admis auprès du maréchal.

Celui-ci le reçut par ces mots . « Que venez-vous faire ici ? Vous venez, vous aussi, donner des conseils ? Je n'en ai pas besoin, vous pouvez vous retirer, mon partis est pris ! »

## XV

Le plan des familiers de l'Elysée était de demander, après la constitution du ministère, un vote de confiance au Sénat ; ce vote obtenu, de se présenter devant la Chambre et de solliciter un douzième. Si ce douzième était refusé, la proposition dissolutionniste serait déposée au Sénat, et, si la dissolution de la Chambre était votée, les élections législatives étaient ajournées jusques après l'Exposition.

Dans le cas où le Sénat refuserait de dissoudre l'Assemblée, on verrait.

Le 11 décembre, à trois heures, le ministère était constitué :

MM. Batbie, intérieur et présidence du conseil ;
Depeyre, justice ;
Daru, finances ,
Delsol, instruction publique ;
Montgolfier, agriculture et commerce ;
Ancel ou Alfred Leroux, travaux publics ;
De Banneville, affaires étrangères ;
Général de la Rochebouet, guerre ;
Amiral Roussin, marine.

Il ne s'agissait que d'exécuter le plan conçu, mais les dispositions du maréchal se modifièrent soudain.

A l'Elysée, le 11 décembre, on était belliqueux, intraîtable; le lendemain, les dispositions étaient changées . il fallait transiger, et le revirement était si brusque, que, suivant une expression de marin, le vent n'avait pas tourné, il avait sauté.

Sans transition, le maréchal passa, d'un ministère de combat, à un ministère Dufaure.

L'étonnement fut si général, que personne ne voulut croire à ces soudaines modifications de politique.

Quand il ne fût plus permis d'en douter, la colère des bonapartistes fit explosion; la consternation des légitimistes fut complète; les républicains voyaient avec peine que de si grands efforts aboutissaient à un pareil résultat; le centre gauche paraissait satisfait, mais anxieux; les futurs ministres eux-mêmes ne laissaient voir qu'un enthousiasme douteux et plein de réserve : partout la surprise et la défiance.

Ce n'était pas des conséquences de la capitulation dont on se préoccupait; chacun savait qu'en faisant appeler M. Dufaure à l'Elysée, le maréchal se rendait, sans conditions, avec armes et bagages; que l'on pouvait tout exiger, que l'on était sûr de tout obtenir; mais cette capitulation était-elle sincère? M. de Mac-Mahon n'avait-il pas d'arrière-pensée? On avait quelque droit de se le demander, et on se le demandait.

## XVI

La personne de M. Dufaure n'était pas sans inspirer quelque inquiétude.

M. Dufaure, parlementaire correct, républicain douteux, antidémocrate, d'un libéralisme anodin et d'un cléricalisme avéré, n'était pas homme à profiter de tous les avantages qu'offrait la situation. Quelque bonne volonté que l'on eût de lui supposer les meilleures intentions, il était difficile d'en être convaincu, lorsque l'on se rappelait son passé. Un mot parfaitement exact avait été dit sur son compte : « Pourvu que le maréchal ne fasse plus de concessions que n'en voudrait M. Dufaure! »

Quelles seraient d'ailleurs les garanties qui assureraient la réalisation de ces concessions? Les influences, les amitiés du maréchal étaient connues; ses affections, ses sympathies ne pouvaient disparaître instantanément; elles devaient laisser des traces, et la domination en pleine lumière de la veille pouvait devenir la domination occulte du lendemain.

Des promesses solennelles n'étaient pas une garantie suffisante contre un nouveau 16 Mai. Rien de volontaire dans la transaction qui intervenait; la résolution de désarmer n'était prise qu'à la dernière extrémité. Le budget voté, n'y avait-il pas à craindre que tout pourrait être tenté contre une Assemblée qui se serait dessaisie de ce moyen de résistance?

Ces impressions étaient générales, et l'on supposait qu'il n'y avait peut-être là qu'une tentative pour gagner du temps et déplacer les responsabilités, ou une combinaison qui permît au maréchal de ressaisir le pouvoir, en rendant impossible ou en compromettant le ministère Dufaure.

La confiance s'impose d'elle-même, elle ne se commande pas; mais la défiance justifiée demeure légitime; il est difficile de la détruire. « Si tu me trompes une fois, disent les Arabes, c'est ma faute; mais si tu me trompes deux fois, c'est la mienne. »

C'est au milieu de ces préoccupations que fut constitué le ministère Dufaure. Le 13 décembre, après une entrevue avec le maréchal, M. Dufaure, entouré d'un groupe de sénateurs, leur avait dit que les négociations étaient en bonne voie, et qu'il ne restait plus qu'à se mettre d'accord sur les termes du Message; il avait prié ses collègues, qui devaient faire partie de la combinaison ministérielle, de vouloir bien se tenir à sa disposition.

## XVII

Le lendemain, l'*Officiel* publiait les noms du Cabinet Dufaure :

Président du conseil et Justice, M. Dufaure.
Intérieur, M. de Marcère.
Affaires étrangères, M. Waddington.
Finances, M. Léon Say.
Instruction publique, M. Bardoux.
Travaux publics, M. Freycinet.
Agriculture et Commerce, M. Teisserenc de Bort.
Marine, M. l'amiral Pothuau.
Guerre, M. le général Borel.

Le maréchal s'était donc soumis ; mais il faut ajouter qu'il ne s'était soumis qu'à moitié.

Le président du conseil des ministres ne représentait pas l'esprit de la majorité républicaine de la Chambre ; c'est tout au plus s'il représentait le centre gauche le moins républicain, et, plus que tout autre, il devait exciter les méfiances de la démocratie. Son arrivée au pouvoir ne paraissait être qu'un essai de duperie ou de mystification.

Trop de récents souvenirs devaient accentuer ces appréciations si légitimes.

Pendant sept mois, le gouvernement avait traqué les républicains avec un acharnement de rage maladive ; c'était surtout la démocratie qui avait été en butte à l'animosité de la coalition conservatrice ; la persécution avait été élevée à la hauteur d'un devoir social : cette croisade sans danger procédait par hécatombes de fonctionnaires de tous les ordres ; c'étaient des razzias, des coupes réglées dans les diverses administrations.

Les délits de presse devenaient aussi nombreux que les épis de blé dans un champ fertile ; les amendes, les mois de prison tombaient dru comme grêle sur les journaux de l'opposition, et comme l'on comprenait qu'il fallait principalement atteindre ceux qui représentaient les masses, les coups étaient plus particulièrement dirigés contre les journaux de la démocratie.

Le *Bulletin des Communes,* payé avec les fonds de l'Etat, outrageait impunément les députés républicains et obtenait même des tribunaux pas mal de dommages-intérêts pour les diffamations qu'il prodiguait.

MM. Turquet et Marcelin Pellet payaient en sus de l'amende 1,000 francs à M. Dalloz.

M. Gambetta était condamné pour avoir dit à M. le Maréchal qu'il ne lui resterait qu'à se soumettre ou à se démettre.

La *Lanterne,* journal républicain, qui avait soutenu la campagne avec une brillante énergie, enrichissait de 1,000 francs le général Ducrot pour une phrase anodine, qui, délicatement nuancée, avait valu la croix de la Légion d'honneur à M. Millaud.

La magistrature s'était servie du plateau de la balance de la justice pour en assêner des coups d'une sauvage brutalité sur les journalistes républicains ; elle paraissait même disposée à recommencer.

Et c'était après les élections du 14 Octobre, qui avaient flétri ces actes, que M. Dufaure arrivait au pouvoir avec l'intention de passer l'éponge sur toutes les partialités odieuses et les agissements illégaux du ministère de Broglie ! Les républicains conservaient leurs amendes en les soldant au fisc, et leurs mois de prison en les réglant par des internements cellulaires, mais, par une juste compensation, les conservateurs gardaient les croix qui leur avaient été généreusement distribuées, la magistrature ses immunités, le ministère du Coup d'Etat le pardon et l'oubli; tout était pour le mieux!

Il y avait là une touchante naïveté à accepter ces conditions; la démocratie républicaine, toujours au combat, jamais à l'honneur, était seule capable de pareille abnégation.

## XVIII

Le Cabinet, formé par M. Dufaure, promettait l'apaisement dans ces limites; il était certainement disposé à le faire, on en était convaincu. La réalité dépassa les craintes.

C'est dans ces circonstances que fut sauvé le plus désespéré des présidents de République et le moins politique des hommes d'Etat.

Aussi, lorsque M. Dufaure lui présenta le fameux Manifeste du 14 décembre, on peut dire que M. le Maréchal n'y déposa qu'une signature irresponsable; à quelques jours de distance, il avait, en effet, le courage de se déjuger; il paraissait sacrifier à une ambition agonisante ceux qui s'étaient par égoïsme, intérêt ou conviction, dévoués à sa politique néfaste.

Quand on relit ce Manifeste, qui était le plus outrageant reproche que le signataire pût s'infliger, il est pénible de voir un maréchal de France réduit à semblables extrémités.

Voici ce Manifeste, que vint lire à la Chambre des députés M. de Marcère:

« Les élections du 14 Octobre ont affirmé une fois de plus la confiance du pays dans les institutions républicaines.

» Pour obéir aux règles parlementaires, j'ai formé un Cabinet choisi dans les deux Chambres, composé d'hommes résolus à défendre et à maintenir des institutions par la pratique sincère des lois constitutionnelles.

» L'intérêt du pays exige que la crise que nous traversons soit appaisée. Il exige avec non moins de force qu'elle ne se renouvelle pas.

» L'exercice du droit de dissolution n'est, en effet, qu'un mode de consultation suprême auprès d'un juge sans appel et ne saurait être exigé en système de gouvernement. J'ai cru devoir user de ce droit et je me conforme à la réponse du pays.

» La Constitution de 1875 a fondé une République parlementaire en établissant mon irresponsabilité, tandis qu'elle a institué la responsabilité solidaire et individuelle des ministres. Ainsi sont déterminés nos droits et nos devoirs respectifs, l'indépendance des ministres est la condition de leurs responsabilités.

» Ces principes, tirés de la Constitution, sont ceux de mon gouvernement.

» La fin de cette crise sera le point de départ d'une nouvelle ère de propriété. Tous les pouvoirs publics concourront à en favoriser le développement; l'accord établi entre le Sénat et la Chambre des députés, assurée désormais d'arriver régulièrement au terme de son mandat, permettra d'achever ces grands travaux législatifs que l'intérêt public réclame.

» L'Exposition universelle va s'ouvrir, le commerce et l'industrie vont prendre un nouvel essor, et nous offrirons au monde un nouveau témoignage de la vitalité de notre pays, qui s'est toujours relevé par le travail, par l'épargne et par son profond attachement aux idées de conservation, d'ordre et de liberté ».

## XIX

Lorsque l'on compare ce Manifeste à la lettre du 16 Mai adressée au ministère Jules Simon, à ces formelles déclarations dans lesquelles le maréchal affirmait qu'il irait « jusques au bout, » on éprouve un pénible sentiment de compassion pour l'homme qui a signé cet acte.

N'eût-il pas mieux valu que le duc de Magenta donnât sa démission ? A ce moment, ne s'est-il pas senti déchoir ? N a-t-il pas compris qu'on lui jetait la honte avec toute l'ironie du dédain ?

Il n'est pas admissible que ce soldat n'ait pas souffert dans sa dignité, et il est bien permis de supposer qu'il a subi une impérieuse et inconnue nécessité.

Les causes de cette déchéance sont en réalité ignorées. De tous les événements politiques de 1877, c'est le moins expliqué, celui qui a le plus de pénombre ; cette obscurité est la seule justification du maréchal.

Tout ce qui a été écrit à cet égard n'est ni vrai ni vraisemblable.

M. Pouyer-Quertier aurait été, a-t-on dit, la cause de l'insuccès du ministère Batbie. Il aurait catégoriquement refusé le ministère des finances et déclaré que l'on ne trouverait pas un parlementaire pour l'accepter dans des conditions qui devaient conduire à l'illégalité absolue, et il aurait, en même temps qu'il refusait le portefeuille des finances, insisté auprès du maréchal pour qu'on reprit les négociations avec M. Dufaure, ajoutant que l'on ne pouvait continuer une politique qui conduisait aux abîmes.

Le refus de M. Pouyer-Quertier n'aurait pas empêché la combinaison du ministère Batbie ; il eût été aisé de le remplacer, et ce n'est ni dans son refus ni dans ses conseils qu'il faut trouver les causes qui déterminèrent le maréchal à signer le Manifeste du 14 décembre.

Quant à M. de Broglie, sa politique vulpinienne ne devait pas entraîner davantage le Président de la République au point de sacrifier sa dignité personnelle.

Quelque pressantes que fussent les sollicitations des fonctionnaires compromis, elles n'étaient pas de nature à lui faire accepter un acte humiliant.

Il faut donc conclure que le motif vrai de la soumission du maréchal n'a pas été dévoilé.

Quoi qu'il en soit, l'acte de soumission du 14 décembre marquait en France la fin du pouvoir personnel par la légalité; jusques à ce moment, les insurrections du pouvoir exécutif contre la nation n'avaient été vaincues que par des révolutions armées.

En Août 1792, en Juillet 1830, en Février 1848, la force avait triomphé de l'illégalité.

Pour la première fois, le pouvoir personnel s'inclinait devant la volonté nationale légalement manifestée. La soumission était complète.

Les termes du Message étaient clairs ; ils donnaient un blanc seing au gouvernement; il ne pouvait plus être question de résistance, de mauvaises volontés ; on ne pouvait plus invoquer, comme sous le ministère de M. Jules Simon, un pouvoir occulte. L'abdication s'était accomplie sans réserve; elle imposait des obligations d'une gravité exceptionnelle.

## XX

Le premier devoir du ministère Dufaure était de faire justice des hommes et des actes du 16 Mai ; la générosité vis-à-vis d'adversaires irréconciliables est de la faiblesse, et l'indulgence presque de la trahison.

Si, sous prétexte d'apaisement et de conciliation, on agit autrement, le sens moral s'oblitère, les notions du juste disparaissent au milieu des violences impunies et des pardons de toutes les hontes et de toutes les servilités.

Il fallait, après le 14 décembre, sévir contre les ambitieux qui avaient agité le pays, emprisonné les partisans de la légalité, terrorisé les populations, calomnié les citoyens, violé les lois et crocheté les urnes.

Il fallait que ces hommes fussent flétris pour donner un salutaire exemple à ceux qui seraient tentés de les imiter.

Il fallait que la conscience publique, indignée, obtint cette légitime satisfaction.

Il y avait là un châtiment à infliger, et de la rapidité de l'exécution des mesures repressives dépendait la consolidation du gouvernement sorti des élections du 14 Octobre ; cette rapidité était d'autant plus utile,que l'on se défiait de la faiblesse de M. Dufaure; son passé faisait pressentir des temporisations qui s'harmonisaient avec le caractère du président du conseil des ministres.

Qu'à la suite d'une guerre civile et alors que le peuple a été victorieux, après avoir répandu son sang, la générosité et la clémence soient les meilleures armes d'un gouvernement issu d'une lutte sanglante, soit ; mais après un combat pacifique soutenu contre les violateurs de la loi, les actes de sentiment peuvent faire l'admiration de certaines natures d'élite, ils ne font jamais la stabilité du pouvoir.

La mansuétude devient de l'ineptie, appelle la révolte et justifie l'insurrection contre les volontés de la nation librement exprimées.

C'était dans l'accomplissement de cette œuvre d'équité que le ministère Dufaure aurait dû trouver sa force.

Quant à la seconde obligation qui lui était imposée, elle était plus impérieuse encore.

De 1871 à 1877, une série de lois réactionnaires avait enrichi l'arsenal de la législation oppressive de nos libertés ; il était opportun de porter la hâche dans ce fouillis et d'y faire l'horizon ; tant pis pour le Sénat, s'il avait résisté à l'opinion publique, il se fût effrondé.

Pas plus l'un que l'autre de ces devoirs, le ministère Dufaure ne les a remplis, et il a bien tenu ce qu'il avait promis d'être.

FIN DU PREMIER OPUSCULE

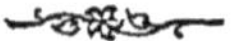

# TABLE

Pages



FIN DE LA TABLE

*Le second opuscule, qui paraîtra prochainement, aura trait à l'histoire de France du 14 décembre 1877 au 5 janvier 1879.*

*Le troisième comprendra les faits historiques du 5 janvier 1879 au 31 décembre 1879.*

*C'est l'œuvre modeste d'un homme profondément dévoué aux progrès des réformes sociales et de liberté. D'autres pourraient mieux dire, mais il a la prétention de croire qu'ils ne sauraient apporter plus d'honnêteté dans les appréciations consciencieuses des événements politiques.*

www.ingramcontent.com/pod-product-compliance
Ingram Content Group UK Ltd.
Pitfield, Milton Keynes, MK11 3LW, UK
UKHW021110200726
13857UKWH00003B/1167